崧燁文

成績的背後，是孩子的求救

分數低就是沒讀書、
愛蹺課就是壞學生、
壓力大就是抗壓性低……
你的偏見正在毀了他！

孫桂菲，趙建，鄒舟 主編

孩子成績不好，並不代表笨，
世上沒有真正的笨孩子！
成長離不開學習，
幫助孩子跨越成績的障礙，
找回學習的快樂。
願本書能為因成績而自卑的孩子、
焦慮的父母提供有效的幫助，
並衷心希望，您能去實踐——

目錄

目錄

目錄

目錄

獻詞

謹以此書獻給所有希望培養出優秀子女的父母，以及所有希望提高成績的孩子們。

序言

成績的好壞並不能完全代表孩子學習的好壞，但不重視成績卻又萬萬不行！大道理誰都會講，可如果孩子的成績無法提高，又有哪一個父母不會著急萬分？畢竟，孩子的升學是要靠成績說話的，考大學這個影響孩子命運的東西更是要靠成績來證明的。

事實上，孩子學業成績差，並不代表孩子笨，世上幾乎沒有真正的笨孩子。影響孩子成績好壞的因素有很多，大多是一些心理因素或者讀書方法的問題。此外，學校、老師和父母也有一定的責任，一些老師或者父母，對孩子期望過高，經常人為的為孩子施加死板的、抽象的教育，在這種情況下，孩子儘管用盡全力，也達不到老師和父母所定的目標，結果，對學習就失去了興趣，長此以往，學業成績自然不升反降。

身為父母，應該對孩子的成績有一個清楚的認知：孩子在學業成績所表現出來的暫時性落後並不可怕，糟糕的是父母不恰當的幫助，這會讓孩子對學習的觀念日漸偏差，興趣日益喪失。

當然，這並不是說我們提倡對孩子的落後不聞不問，聽之任之。而是說，具體問題，具體分析，父母要從孩子的個性、興趣、學習特點、優勢與劣勢等方面出發，尋找造成孩子成績差的原因，然後針對這些原因，進行有的放矢的指導和幫助。而不是一廂情願的將自己的想法強加給孩子的「幫助」。不顧實際的幫助，不但無益於提高孩子的成績，還會對孩子造成很大的負面影響。

說到底，學習的競爭就是學習效率的競爭。成長離不開學習，抵達成功的巔峰也離不開學習。學習應該是快樂的事情。然而，成績卻在快樂中製造了障礙，甚至讓學習在很多孩子眼中成了沒完沒了的痛苦和無法甦醒的噩夢。而成績作為現行教育衡量學習成果的一個標準，又是不可避免的。這時候，孩子除了靠自身的努力外，還急需父母的幫助，只有在孩子和父母的共同努力下，孩子才能跨越成績的障礙，找回學習的快樂。

本書針對造成孩子成績差的各種因素，分為模擬現場、專家解析和教

序言

子錦囊三個方向，對如何提高孩子成績進行了精彩的分析和指導，是父母指導孩子提高學業成績的得力助手，是孩子學會享受學習樂趣的良師益友，是一本適合父母和孩子共同閱讀的親子學習讀物。

但願本書的出版可以為一直在為學業成績而擔心的孩子和焦慮的父母提供實用有效的幫助。而且衷心希望，您能去實踐。

第一章　孩子，你可以——提高成績的內在因素

沒有目標：為什麼學習？

模擬現場

兒子聰明、活潑、可愛，但缺點就是貪玩。每天一放學就出去玩，從來不積極主動的學習，就連老師出的家庭作業都要父母督促好多次才去完成，學業成績可想而知。假如你問他：「孩子，你為誰而學習？」

他會毫不猶豫的回答：「當然是為爸爸媽媽了，這還用問嗎？要不是他們逼我，打死我都不願意學！」

曾經有科學家做過這麼一個實驗：讓三組人分別沿公路步行前往一個從未去過的都市。

第一組：實驗者不告訴實驗對象距離目的地有多遠，只要求他們跟著嚮導走。

第二組：實驗者只讓實驗對象知道距離目的地有五十公里。

第三組：實驗者不僅讓實驗對象知道距離，還讓他們知道路邊每隔一公里就有一塊里程碑。

實驗的結果是：第一組人越走情緒越低落，大部分人沒有堅持到底；第二組人走到一半後開始喊累，最後只有很少一部分人到達終點；而第三組人一直充滿信心，精神飽滿，大多數人走到了目的地。

一個簡單的實驗，把目標在成功中的重要性演繹得淺顯易懂。在我們人生的漫漫旅途中，有沒有一個目標，目標是否明確，是至關重要的。

實驗中的三組人分別代表了三種不同的人。

第一種人：他們有目標，卻不知道實現這個目標需要花多少時間，需要付出多少努力。這樣的人，在實現目標的過程中，隨著時間的推移和困難的加大，其熱情勢必難以保持，最終會選擇放棄。這就如同前面實驗中第一小組的情況。

第二種人：他們知道實現目標要付出的代價，但是，在為實現目標奮鬥的過程中，一旦遇到了挫折，他們就看不清自己與所定目標之間的距離了。這時，他們也無法再堅持下去。這就是實驗中的第二組人。

第三種人：他們不僅知道實現目標要付出的艱難，而且，在不同階段，他們都能看到自己取得的成績，看到自己和目標間被縮短了的距離。這樣一來，他們就能及時補充動力，堅持走下去就顯得容易多了。這就像實驗中的第三組人，他們不僅知道這次行程是五十公里，而且，每隔一公里，都會有一塊里程碑在告訴他們：你們離目標又近了一公里。

孩子的學習過程也存在著同樣的道理，對於成績差的孩子來說，在學習時往往缺乏目標，不知道自己為什麼而學習，因而也就缺乏學習的動力和興趣。事實上，學習不可盲目，必須要學會為自己設立一個適當的目標。因為，有了目標，學習便有了前進的方向，並會因此產生前進的動力，從而有效激發上進心，而達到目標後又可增強成就感，繼而才能取得好的成績。

同時，一個適當的、具體的學習目標還能規範孩子學習的內容。如今的學習一方面是在提高個人的能力，另一方面也是在為進入社會作技能準備。而在目標的指導下，可以規劃出幾年內的學習體系，在這期間的每一種選擇都是在豐富、充實它，就像我們入學時的課程選擇，就是在為自己的專業方向規劃一個學習體系。

父母應該讓孩子意識到，在達到學習目標的過程中，有必要樹立良好的學習態度。因為目標也好、內容也好，都是由自己掌控的，如果不端正學習態度，對學習的熱情就無法持之以恆，那麼取得的學習效果就可能無法達到心中的期望值。

此外，要想幫助孩子有效提高成績，父母一定要讓孩子設定一個適當的目標，所謂適當，是指這個目標不能太高也不能太低，要符合自己的實際情況。如果目標定得太高，會使孩子因為達不到目標而失去信心，導致成績下滑。舉個簡單的例子，有一個同學，平時各科成績只在七八十分之間，期末考試之前他竟滿懷熱情的一下子將目標定為各科成績都要達到九十五分以上。這個目標顯然是脫離實際的，即使他在臨考前晝夜不息的拚命苦讀，想要一下子躍升成為資優生，也是沒有多大可能的。事實也證明，他失敗了。而目標定的太低，也是不行的，比如：一個平時各科成績都在八十分以上的同學，而期末考試成績卻只要求維持八十分即可，這個目標顯然又太保守了，這樣的目標就產生不了激勵作用和推動作用，就失去了定目標的意義。

以孩子的興趣為出發點，幫助孩子制定最符合自身情況的學習目標

父母應該充分培養孩子的興趣。當孩子發現自己對某一學科的知識有著強烈的興趣時，他們往往能將這一科學得非常好。

舉個例子來說，龍龍從小就喜歡做各種的數字遊戲，對數學這一科目有著獨特的愛好。他的爸爸發現了這一點，就鼓勵孩子參加各種數學競賽，在爸爸的鼓勵下，龍龍多次參加奧林匹克競賽，都取得了不錯的成績。最終，他考上了某著名理工大學的數學系，之後準備出國深造。

鼓勵孩子透過對自身的確實了解，為自己制定學習目標

當孩子被鼓舞和信任有能力做一件事情時，他們往往能爆發出最大的潛力，把事情做到最好。所以，父母應該鼓勵孩子透過對自身的了解，讓孩子自行制定適合自身的學習目標，並不斷給予孩子以信任和鼓勵。

讓孩子清楚的意識到自己的學習能力，不要制定超出自身能力的學習目標

父母要讓孩子意識到，制定學習目標要符合自己的實力和程度，不可過高也不能過低，這樣，才能一步一步的實現目標。

讓孩子圍繞學習目標奮鬥，靠自身的努力去實現目標

孩子的學習目標一旦確立下來，就要靠自身去努力奮鬥。有一個孩子在學習時，目標一直不改，可是成績並未得到明顯的上升。但自始至終，他都沒有氣餒，一直在與他的父母、老師和同學探討如何克服困難，去努力去奮鬥，才能達到目標。而當他感到挫折和失敗時，父母並未強迫他、打罵他，而是理性的幫助他分析原因，鼓勵他重新拾起勇氣，繼續努力。後來，這個孩子的成績得到大幅度提升，考試名次在校排中上提升了一百多名。

缺乏信心：我做不出來

模擬現場

小澤征爾是世界著名的音樂指揮家，一次，他去歐洲參加音樂大賽，決賽時，他被安排在最後，評委交給他一張樂譜，小澤征爾稍做準備便全神貫注的指揮起來。突然，他發現樂曲中出現了不和諧的音符，開始他以為是自己指揮錯了，就命令樂隊停下來重奏，但仍覺得不自然，他感到樂譜確實有問題；可是，在場的作曲家和評委會權威人士都表明樂譜不會有問題，是他的錯覺。面對幾百名國際音樂界權威，小澤征爾不免對自己的判斷產生了動搖。但是，他再三考慮後，堅信自己的判斷是正確的，於是他大聲說：「不！一定是樂譜錯了！」他的聲音剛落，評判席上那些評委們立即站立起來，向他抱以熱烈的掌聲，祝賀他大賽奪魁。

原來這是評委們精心設計的一道試題，以試探指揮家們在發現錯誤而權威人士不承認的情況下，是否能夠堅持自己的判斷，因為，只有具備這種素養的指揮家，才真正稱得上是世界一流的音樂指揮家。在所有的參賽選手中，只有小澤征爾相信自己而不附和權威們的意見，從而獲得了這次世界音樂指揮家大賽的桂冠。

自信，是人生最寶貴的財富，自信也是每個人成功的基礎，世界上大多數成功的人物都具有很強的自信心。假如在遇到困難時，我們一味的退縮躲避，那麼成功就會離我們越來越遙遠。

法國教育家盧梭曾經說過：「自信心對於事業簡直是一種奇蹟，有了它，你的才幹便可以取之不盡，用之不竭；一個沒有自信的人，無論他有多大的才能，也難以抓住一個機會。」

美國的心理學家曾對一百五十名成功人士的性格進行過研究，發現他們都具有三種優秀的素養：一是性格上具有堅韌性；二是善於為實現自己的目標不斷進行成功的累積；三是很自信，不自卑。

歷史上偉大的詩人李白說過：「天生我材必有用。」的確，每個人都有自己的優勢所在，每個人都有尚未被挖掘出來的潛力和特質。孩子同樣也不例外，只要你的孩子能用尊重自己的態度去努力發掘和發揮這些潛能，他的成績就會很快的進步。

自信的關鍵在於「自」，孩子自信心的建立關鍵在於他自己的努力，如果自己總認為自己不行，自己不替自己打氣，那麼無論其他人如何努力，也難以建立真正的自信。但是，這並不代表我們當父母對此就無能為力。相反，父母在孩子樹立自信的過程有著非常重要的作用。

事實上，我們有些當父母的，平時不大關心孩子的學習情況，遇到孩子考試成績不好時就氣上心頭，或罵或打。這種出氣式的教育方法，當時可能會有些效果，表面上看是把孩子制伏了，但由此帶來的副作用將會是長久的。

孩子考不好自己心裡也難過，他也想考好。可是父母打他罵他，倒是可能讓他覺得父母的氣消了，就沒有必要再做深刻反省了。他下次可能還會考不好，父母再修理他一頓，幾次反覆下來，孩子就會喪失自信，喪失自尊，可能會變得無所顧忌了。

在孩子考試成績不好時，父母最好是先要求孩子找出原因，冷靜的思考幾天，想想解決問題的辦法，同時也讓孩子有一個反省的時間和空間，父母想好了再找孩子談，效果就會好很多。

身為父母，不應以某一時期、某一階段孩子的表現來斷然的判定孩子的品格、才智的優劣，更不能以此否定孩子的前途，這會讓孩子徹底失去信心。而應該全面的評價孩子，要找出孩子在某一方面的優勢，加以表揚和鼓勵，充分挖掘孩子在這方面的潛力，使他產生對學習的興趣，只要孩子不灰心，掌握一定的學習方法，成績一定會提高的。

有一位母親對李開復博士說：「我在教育自己的一對子女時，使用的方法非常不好：考試成績差了，我就會打罵他們，成績好了，我就說，某某家的孩子比你們考得更好，直到今天我才明白他們之所以總是在人生的道路上遭遇挫折，主要是因為我的教育方式早已形成了一個阻礙他們進步的天花板——他們肯定會想，如果母親都認為我是個笨蛋，我還有什麼理由繼續努力，現在我終於懂得，你說的：『在批評中長大的孩子最容易自卑，在嘲笑中長大的孩子最容易怯弱，在鼓勵中長大的孩子最有自信，在稱讚中長大的孩子最懂得寬容……』」

正確評估孩子的智力，這種評估應略高於孩子的實際水準

父母不能「恨鐵不成鋼」，動輒說孩子「笨」、「天生不是讀書的料」，這樣容易造成孩子學習上的自卑感。應根據評估，給孩子制定不斷提高成績的計畫，並督促其完成。

對孩子學習上的失利應有正確態度

父母不要總在孩子的成績下降時責罵孩子。而應該首先檢查自己是否盡到了責任，同時冷靜的幫助孩子分析成績下降的主客觀原因，並幫助孩子找出克服失利的方法，幫助孩子樹立學習進步的勇氣和信心。還要教孩子具體的學習方法。

全面了解孩子的學習內容和提高孩子的學習興趣

父母要根據孩子的學習內容幫助孩子制定確實可行的學習計畫，幫助孩子提高學習效率。並善於創造條件使孩子的興趣轉移到學習上，培養孩子對學習的興趣，樹立孩子對學習的自信。

自卑：我就是不如別人

模擬現場

一次，劉老師上完試教課，徵詢完其他老師們的意見後，回到教室發現學生小昭在打自己的右手，手背被打得紅紅的。劉老師非常吃驚，趕緊詢問小昭為什麼這樣做，孩子的回答令劉老師驚訝！「我真笨，丟臉死啦！」劉老師感覺到與上課時他未能回答出問題有關。「是因為課上沒有回答出問題嗎？」小昭用力點了點頭。

孩子需要自信，猶如幼苗需要陽光。如果孩子產生了自卑，就會像幼苗遭受暴風雨的襲擊，影響其茁壯成長。父母應堅持不懈的幫助孩子克服自卑，建立自信。

某小學八歲的張圓圓自尊心特別強，以至於到了一種自卑的地步。張圓圓覺得自己的相貌不夠出眾，她覺得自卑，認為不會有人喜歡她；她的成績不算突出，她也自卑，認為老師會討厭她；她為體育課成績自卑；為自己某天穿的衣服不夠好看自卑。總之，張圓圓為一切有理由自卑的事情而自卑。所以，她不喜歡說話，不喜歡笑，逃避媽媽的關心，常常一個人默默的待在房間裡，讓媽媽十分擔心。

自卑是人的一種心理缺陷，自卑的形成往往源於兒童時代。懷有自卑心態的人是不健全的，它對一個人終生的發展都有消極的影響，甚至會毀掉一個人的發展前途。因此，父母應該關心自己的孩子有沒有自卑心理，一旦發現，須盡早幫助其克服和糾正，以避免形成自卑性格。

一般來說，自卑的孩子往往具有下面這些特徵：

過度膽怯怕羞，不願與人接觸。

十分在意別人對自己的評價。

自卑的孩子對父母、教師、朋友對自己的評論十分敏感，特別是對小朋友的批評，更是感到難以接受，有時甚至無中生有的懷疑別人討厭自己，且表現出憤憤不平。

自暴自棄。占相當比例的自卑孩子往往會表現為自暴自棄，更有甚者，還可能表現出自虐行為，如故意在大街上亂竄、深夜獨自外出、生病拒絕求醫服藥等；

語言表達能力差，表現為口吃，或表述不連貫，或表達時缺乏情感，或詞彙貧乏等等。

不能承受挫折，不能正確對待壓力。

父母要盡早幫助孩子拆除自卑的炸彈，越早進行，效果越好。

賞識、鼓勵你的孩子

要幫助孩子克服自卑，父母自己首先要對孩子抱有信心，否則就一定不會成功。積極的語言能使人產生積極的情緒，改變消極的心態，因而父母可以有意識的用「你真聰明」、「你一定行」之類的語言為孩子打氣。

美國參議員艾摩．湯瑪斯，在小時候因身體原因，有著較強的自卑感，他的媽媽就是透過語言暗示幫助兒子克服自卑感的。他的媽媽這樣對他說：「……兒子，你的身體不太好，你可以用你的頭腦為生，用自己的良好語言表達能力、宣傳鼓動的力量……」因此，艾摩在媽媽的教育下，避開了身體上的劣勢，克服了自卑感，終於獲得了成功。

引導孩子正確認識自己，發現自己的優點

父母要教育自己的孩子：想戰勝自卑，就要對自己現狀感到滿足，要客觀的看待自己，相信自己的力量，發揮自己的長處。俗話說「尺有所短，寸有所長」，「金無足赤，人無完人」。不僅要如實的看到自己的短處，也要恰如其分的看到自己的長處。

鼓勵孩子克服恐懼心理，勇敢面對挑戰

每當孩子遇到困難，不敢接受挑戰時，就要求他們先在頭腦中想像自己完成任務時的勝利情景。這種隨意遐想式的預演勝利法，對於幫助孩子戰勝恐懼心理，愉快的接受富有挑戰性的任務，具有立竿見影的效果。

「以勤補拙」與「揚長避短」

父母要教會孩子克服自卑的兩種有效方法：「以勤補拙」與「揚長避短」。

當孩子知道自己在哪些方面有缺陷時，教育他不要不背著包袱，以最大的決心和頑強的毅力去克服這些缺陷；另外，父母要教育自己的孩子揚長避短，把重點放在自己的優勢上。有句古話：「失之東隅，收之桑榆。」一個人不會十全十美，但也絕對不是一無是處。只要善於找到突破口，總會在某個領域做出成績。

十八世紀，有一個青年，整日碌碌無為，過著流浪的日子。有一天，他來到巴黎，求助父親的朋友找一份工作。父親的朋友問：「你會什麼？會算帳嗎？」

青年搖頭。

「你懂法律嗎？」

青年還是搖頭。

「那麼你的數學或者是歷史、地理方面怎麼樣？」

那青年一直在搖頭，意思是說他身上沒什麼長項。父親的朋友聳聳肩，無奈的說：「那你先留個聯絡地址再說吧。」青年不好意思的寫下了地址。父親的朋友看了看地址，忽然說道：「你寫得一手好字呀！你會有一份好工作的。」

青年眼睛一亮，發現到寫好字也是自己的一個長項。既然能寫好字，不是也可以寫好文章嗎？從這時起，青年開始努力寫文章。多年後，他寫出了《基度山恩仇記》。他就是法國作家大仲馬。

被動學習：一切聽老師和父母的

模擬現場

小剛是一個非常聽話的孩子，剛上小學的時候，他的學業成績很好，讓父母很放心，可是自從上了國中後，學業成績卻急轉直下，這讓父母十分著急，但卻找不出原因，自己的孩子絕對不是那種調皮搗蛋、不愛學習的學生。問題到底出在哪裡呢？

其實，小剛的問題說穿了很簡單。小學的時候，孩子大多跟著老師和父母的指揮棒走，只要聽老師和父母的話，一定會是一個好學生了。但是國中和小學不同，國中要求學生在學習中不但要學會知識，更要學會學習知識的方法。「魚」和「漁」的矛盾，使得一向缺乏學習主動性的小剛吃到了應試教育的大虧。

影響中小學生學業成績的因素很多，既有間接因素，如社會環境、教育環境和家庭環境，也有直接因素，如學習投入時間等，從關係上說，一般間接因素都會透過直接因素發揮作用。所有這些直接因素構成了一個學生的學習狀態。改變一個學生的學習，提高學業成績，必須首先改變這個學生的學習狀態。評價一個學生的學生狀態，可以用主動狀態或被動狀態來評價，如果一個學生的學習處於主動狀態，那麼這個學生的學習效率和品格就高，學業成績就會穩步提高或穩定；否則，學業成績就會受影響。

孩子是最快樂的群體，也是最具有好學精神的群體。然而現在卻有不少孩子整天愁眉苦臉、長吁短嘆，對一切事物都失去興趣，缺乏信心和進取心。總的說來就是對自己的學習和生活缺乏一種主動精神。

現在很多學生，對自己的學習目的並不清楚。當被問到「你為什麼學習」時，不少學生的回答是「父母要我來讀的」，也有學生回答是「將來找份好工作」，甚至有的學生說「我來讀高中就是不想整天和父母待在一起」，真是眾說紛紜，莫衷一是。孩子學習目的不明確、缺乏崇高的人生理想，是不能主動學習的內在的最主要原因。

對於同樣的學習過程，為什麼有的同學能樂此不疲、全神貫注，有的則感到令人討厭、苦不堪言、心不在焉呢？這是由於人們對學習的熱情度不同造成的。而學習熱情是學習過程得以產生、維持和完成的重要條件。有研究表明：如果一個人對所從事的工作有興趣，那麼，他的工作積極性就高。就可以發揮其才能的百分之八十；如果一個人對他所從事的工作沒有興趣，那麼，他的工作積極性就低，只能發揮其才能的百分之二十。對於學習同樣如此。

在傳統的應試教育的壓力下，學校和家庭對孩子的心理健康教育都不是很正常，學生缺乏良好的心理健康知識的指導，心理上不成熟，存在不少弱點，也必然影響學生的主動學習。如當問及學生為什麼不能在課上主動提問或發表自己的意見時，往往有這樣的回答：「害羞」，「答錯了丟臉」，「是書上說的（或是老師講的）不會錯」，「會被人家說愛表現」等等，這種膽怯和對權威的盲從心理造成學生在學習上不敢提問，不能尋根究底，更不會對權威的觀點提出疑問和發表自己的見解。

正是由於上述主客觀的原因，孩子缺乏積極、主動的學習態度，導學習效率較低，成效不高。於是補課、家教、題海戰術之風盛行，成了提高成績的法寶，屢禁不止，而這無疑是飲鴆止渴。不能從根本上解決孩子的學習主動性問題，而是盲目的施加壓力和負擔，只能讓孩子走入歧途，離家出走、自殺、痴迷網路等等惡果往往就是因為這個原因而造成的。

為孩子營造良好的主動學習氛圍

良好的氛圍能對孩子的學習產生潛移默化的作用。為使學生能主動學習，父母應該創造一個良好的學習氛圍，比如孩子學習時，父母不要從事娛樂活動，諸如看電視、打麻將等等，而是應該安靜的看一會書。

父母多引導，少教導

孩子的成長與其生活環境，父母的教育方式有關係，打、罵，責罰孩子，對孩子的成長毫無益處，只會在他們的心底埋下叛逆的情緒，父母應盡量給予孩子正確的引導，幫助孩子設立學習目標，制定學習計畫，盡量提高孩子的學習興趣，還要掌握引導技巧，在私下批評孩子，在公開場合表揚孩子，為孩子的成長營造一個健康的環境。

對孩子主動學習的積極性予以鼓勵

孩子如果能夠積極主動的學習，父母就應該鼓勵他們把這個好習慣堅持下去，而不是給孩子潑冷水。

激發孩子主動學習的內在動力

孩子學習需要有動力，它既可來自外部的壓力，也可來自內部的驅動力，而後者最為關鍵。所以，要使孩子增強學習主動性，父母就必須採取有效方法，使孩子把學習作為自己的一種內在需要，從而產生持久的、強大的學習動力。

轉變孩子的觀念

學習完全是為了自己的前途和命運，既不是為父母學，更不是為老師學，正所謂「少壯不努力，老大徒悲傷。」因此，自己才是學習的主人，父母和老師只不過是學生的「長工」而已。孩子的認識提高後，就會變「要我學」為「我要學」，也就是變被動為主動了。

壓力大：太苦了！太累了！

模擬現場

《書摘》雜誌二〇〇四年第一期上有這樣一組關於中學生學習壓力大的漫畫，每幅畫之下都有作者自己寫的一段話。下面幾段就是其中有典型意義的幾個：

——媽，我學了，我讀了，我看了，我聽了，然而我也哭了。為什麼要有考試？為什麼總把簡單的事搞複雜？

——「書中自有黃金屋！」說得倒好聽，從被老媽生出來之後就進了「黃金屋」。（畫中的「黃金屋」是一隻鳥籠。）……作業寫完了，玩手機囉！「玩什麼手機，那麼多練習本寫完了嗎？快寫！」老天！老媽之命不敢違，寫吧！只能以淚洗面啦！（「哭」死我啦！）

——學習越來越忙，睡得自然就很晚，每日除了面對老師和同學，就是窗外一大片漆黑的夜幕，桌子上的課本早已看不清楚，雖然窗外的黑暗被一堵牆隔絕在外，但我感覺時時刻刻都處在暗無天日的地方。望著明亮的星星和月亮，總是想，那裡應該充滿光明吧……

——學生、學生，要「學」還得要「生」，可是現在我們是生不如死！我實在不明白這種教育能培育出什麼樣的「人才」！我感到快要崩潰，身體快要四分五裂……唉，我的人生之路還很長，不能就此倒下。嗚嗚嗚……誰能救救我！

學習壓力對大多數孩子來說都是一種煩惱，不管是學業成績好的孩子還是成績差的孩子，對過量的作業表示厭煩，對頻繁的考試心有餘悸，都是十分常見的，有的孩子甚至因此罹患了學習焦慮症。

學習生活是少年兒童生活中最主要、也是最重要的部分。有研究表明，學齡兒童各類不適應問題的出現，有百分之八十與他們的學業有關。一些表現在不良情緒上、行為舉止上的問題，其根源仍在學習的適應不良上；而另一項研究亦指出，有百分之九十的學齡兒童會發生各種各樣的學業適應不良。因為種種原因兒童此類問題發生的比率更高一些。

當你的孩子出現下述情況時，他可能已經因過度的學習壓力發生了適應不良，如不能及時注意到並盡快予以糾正，後果將十分嚴重：

對老師傳授的知識不感興趣，上課無精打采，經常性的打瞌睡或不專心，課堂上小動作特別多，不僅自己精力不集中，而且故意引起別的同學的注意，經常被視為破壞課堂紀律。

故意拖延時間不去寫作業，做也是敷衍了事，經常性的抄同學的作業或不完成作業，甚至於一見到作業就厭煩、就發火、就脾氣暴躁或者哭泣，有時還會出現噁心、嘔吐等生理反應。

害怕考試，對考試表現出明顯的焦慮，考前過度緊張，睡不好覺，考試時腦子裡一片空白，平時會做的題都忘得一乾二淨，甚至到了談考試色變的程度，或者發生病理性反應。

因為學業成績較好，對自己總是有很高的要求，特別在乎成績的排名，總想爭第一，稍有失誤就痛不欲生，對自己過度苛刻和嚴厲，有時會在同學面前故意裝作輕鬆，有意表示自己怎樣玩樂、怎樣看電視，以掩蓋死命讀書做題的真實情況。

因為對學習的厭煩而和老師的關係過度緊張，從內心裡不喜歡、甚至憎恨老師，有的孩子會對所有的老師都沒有好感。

和父母關係緊張，特別厭煩父母督促檢查自己的學習，不願意和父母討論有關學習的事，對父母提出的成績及排名要求非常反感並表現出強烈的反抗，經常因此而發生強烈的親子衝突。

因學業成績差而過度自卑，對自己沒有信心，經常為自己的成績或其他方面的不足而苦惱，心理脆弱，有時會因此而離家出走，甚至會因此而產生輕生的念頭，尤其是在考試前後、作業太多或學習遇到挫折的時候。

凡此種種表現都應該引起父母們的高度重視，切實予以引導，幫助孩子們去緩解壓力，獲得積極的生活狀態。

轉變教育觀念，樹立全面素養教育的新認識

父母要破除「成功唯有上大學一條路」的思想，要認真思考孩子的長短特徵、興趣偏好，和孩子一起精心設計他的成材之路，對於那些學習確實存在種種障礙的孩子，要在科學分析的基礎上敢於另闢蹊徑。

解決孩子的學習動機問題

父母要注意常鼓勵孩子，用講故事、樹榜樣等方法激發孩子的興趣，並潛移默化的向孩子灌輸社會性理想，幫孩子將目光投向社會、世界、未來。

父母要特別重視孩子良好的學習習慣的養成

孩子缺乏學習興趣，學習發生困難大多數不是因為智力問題，而是沒有養成良好的學習習慣。父母要注意培養孩子良好的心理素養，有意識的訓練孩子的注意力、認真態度、較長時間專注一件事的習慣和整潔嚴謹的做人處世態度。

確實幫孩子解決學習上的問題

目前中小學課程有一定難度，有的孩子因為某一個問題不懂，一步沒跟上步步跟不上，漸漸失去了學習的信心和興趣。所以父母要從上一年級開始，就注意孩子是否跟得上學習進度，有條件的每週和孩子一起總結一次，發現哪裡出現問題就要及時補上。孩子在學習上的困難得以解決，興趣必然提高。

要以積極、鼓勵的態度對待成績較差的孩子

一時的分數低，並不代表全部，也不能就此認定孩子學習不好。在幫助孩子克服學習上的困難的同時，還要不時的給予鼓勵，特別要注意發現孩子在學習以外的優點和長處，同時輔以必要的嚴格要求，兩方面交替對孩子施以刺激，達到強化學習動機的目的。

蹺課：就是不想學習

模擬現場

陳先生的兒子今年十三歲，讀國二，平時學習比較吃力，上課就如同聽天書，老師出的作業一題也不會做，因此乾脆不做，甚至抄襲別人的。老師天天批評都無濟於事，無奈之下，只好請來陳先生，希望作父親的能幫助孩子改變這種狀況。陳先生得知詳情後，非常憤怒，回家對兒子就是一頓打罵。本來就有非常嚴重的恐學情緒的兒子這下更是委屈非常，一氣之下，離家出走。後來，陳先生好不容易找到

孩子後，再把他送到學校時，兒子已經完全變了個樣子，天天蹺課，陳先生為此苦惱非常，但卻無計可施。

恐學又稱學校恐懼症、恐懼上學症。如果處理不及時或不恰當，會引起孩子學習障礙和社會適應障礙。據報告，恐學症兒童約占學齡兒童的百分之二點八。

恐學的主要特徵有：

害怕去學校，害怕參加測驗與考試，害怕在學校裡當眾出醜。這種害怕程度遠遠超過一般孩子的緊張心情，已嚴重影響到孩子的學校生活與學業成績。

另外，如果強迫恐學的孩子上學，孩子除有焦慮情緒外，還會出現心率加快、便急、頻尿等軀體不適症狀。若父母同意其不去上學，症狀又能很快得到緩解。

恐學可以演變為蹺課，但這兩者是不同性質的行為：

（一）蹺課者大都屬於不遵守校紀、成績很差的學生。而恐學的孩子多數是成績優異的好學生，至少也是個循規蹈矩、不惹是生非的學生。

（二）蹺課的孩子為了達到蹺課的目的，往往採取欺騙的方法謊稱上學去了。恐學的孩子則從不掩飾自己害怕上學的心情。

（三）蹺課者經常是為了外出遊玩或進行其他有目的地活動。恐學者則更願一人待在家裡。

分析孩子產生恐學的原因，從內在因素來看主要是性格問題。這種孩子的性格特點是多疑、謹慎，而且還有點過敏。從外在因素來看仍是期望值過高。過高的期望值來自父母、老師，甚至孩子本人。內外在因素的結合，使孩子的心態失衡，最終造成恐學。

對於恐學的孩子，父母首先應設法增大他們的社會接觸面，加強他們開朗性格的培養，對他們不宜嚴加要求，相反應勸導他們處事不要過於苛求自己。為幫助孩子克服恐學心理，一定要設法讓孩子有一個愉快心情，父母還可有針對性的採用肌肉放鬆訓練，幫助這類孩子克服恐懼心理。如當孩子接近學校門口時，指導孩子反覆深呼吸，待全身肌肉漸漸放鬆後，再進校門。實施過程中，還可採取逐漸過渡的辦法，如可以先在學校上一二節課，成功後，再逐步延長時間，每當有進步時，即給予表揚或獎勵，逐漸過渡到全天上課。採用上述方法效果不明顯時，還可去醫院就診，以消除或減輕孩子的生理症狀。但是對於患有「恐學症」的孩子來講，無論如何，最重要的還是調整心態和消除不利因素的影響。

對蹺課的孩子，則應堅持正面誘導與嚴格要求相結合的教育，盡快設法讓孩子回到學校。孩子越早回到學校，其產生的副作用越小。在這一教育過程中，父母要積極主動與學校取得聯繫，盡可能與老師一道幫助孩子切實改善學習狀況和同學關係，徹底杜絕蹺課現象。

要詳細了解孩子的困難和問題，培養孩子逐漸適應學校生活的能力

孩子稍微有進步，就應該讚揚他，以激發孩子對學習生活的熱愛。對蹺課的孩子，千萬不能用打罵、訓斥的方法。否則，不但不能糾正，反而給孩子心理上造成更加不良的影響。

要耐心傾聽孩子訴說痛苦和困難，與他們建立良好的關係，贏得他們的信任

父母要對孩子進行反覆的保證和疏導，鼓勵他們重新返校，為他們設計可行的返校措施。對於上中學的孩子，父母應該鼓勵孩子樹立正確的學習動機及良好的道德素養，具有遠大的理想，同時又要有切實可行的近期學習目標。父母盡量不要在孩子面前對社會上的某些不良現象發牢騷，以免影響孩子對他人的信任。

調整孩子周圍的環境，尤其是學校環境

在詳細了解孩子在校困難後，要與校方聯繫，讓他在回校後有較好的適應條件，能較快的建立自信心，或者依據具體情況考慮給孩子換班、轉學。

對孩子恐學、蹺課問題，父母還可以採取「系統家庭治療」的方法

所謂「系統家庭治療」，指的是，不僅僅針對有問題的孩子，而是以家庭為治療公司。心理問題從孩子身上反映出來，根源並不在孩子身上，而很可能與父母有關。這就好像一個機器上的零件壞了，不一定是零件本身的錯，而是因為其他的齒輪出了問題，造成了零件磨損，所以修理機器的辦法就不僅僅要換個新零件，更重要的是解決齒輪的問題。

不懂得珍惜時間：我有的就是時間

模擬現場

在「鐘錶王國」瑞士溫特圖爾鐘錶博物館內的一些古鐘上，刻著這樣一句富有哲理的格言：「如果你跟得上時間的步伐，你就不會默默無聞。」

翻開人類科技發展史，就可以發現，人類的種種發明創造，都是為了節省時間。火車代替馬車，電視取代電影院，電腦、智慧型手機、雲端、大數據的出現，無一不是為了節省時間、爭取時間、贏得時間。

馬克思曾說過這樣的話：一切的節約歸根到底都是時間的節約。

自古以來，人們一直在探索怎樣勒住時間的韁繩和利用時間的方法，以增強自己利用時間的能力。而現代社會更是一個高速變化的社會，每個人的生活和學習節奏如輪飛轉。在新一輪學習的浪潮掀起之際，高效、合理的利用時間，已經是我們走在時代前列的保證。

對時間的價值沒有沒有深切認識的人，絕不會堅韌勤勉。誰能趕緊時間，做時間的主人，誰就能比別人學到更多的東西。在學習中，能抓緊時間的孩子也必然會取得好成績。但事實上，在現實生活中，卻有許多孩子還不懂的時間的珍貴，在學習時總是喜歡拖延和推諉，這不僅讓父母的教育做了白工，而且會耽誤了孩子的學習和成長。實在是孩子學習的一個最大弊端。

成語「聞雞起舞」源於這樣一個勵志史實：

晉代名將祖逖年輕的時候，胸懷大志，他與好友劉琨兩人相互勉勵，珍惜每一刻時間，苦練本領，決心恢復中原。

在一個寒冷的夜晚，北風刺骨，雪花紛飛。突然「喔喔」的雞鳴聲劃破寂靜的夜空，聽到雞叫聲的祖逖一推與自己一同下榻的劉琨喊道：「雞都叫了，我們快把握時間練劍去吧！」當時正是半夜，古時「半夜雞叫」有不吉之說，可祖逖一邊整裝，一邊對同伴說：「半夜雞叫有什麼不好，牠是在提醒我們別睡過了頭，耽誤了寶貴的時間！」他倆拿起寶劍來到室外，奮力舞動，只聽寶劍嗖嗖、喘聲吁吁；腳下雪融化，身上汗淋淋。從此，不論嚴寒酷暑、風雪雨霜，兩人一聽雞鳴，立即翻身下床，勤奮練劍。後來，二人都馳騁疆場，為自己的國家建立了赫赫戰功。

祖逖「聞雞起舞」的精神令人敬佩，也值得學習。而如今的學生們，很少有人具有祖逖這種惜時如金的精神，拖拖拉拉的毛病在很多孩子身上都能看到。

所以，作為父母，我們一定要能隨時告誡孩子珍惜時間，千萬不能讓拖延和推諉成為學習上的絆腳石。

告訴孩子珍惜時間的必要性

朱熹是南宋時期的偉大思想家、教育家。他一生治學勤奮，著作等身。他之所以能取得過人的成就，與他珍惜光陰、分秒必爭。他特別強調讀書要「用力」，不能因為時間寬裕而悠然自得的放鬆自己，而是要抖擻精神，像去救火治病那樣有緊迫感，像水上撐船那樣一篙不緩的努力往前。到了晚年，朱熹看到自己的滿頭白髮，想到許多事情還沒有來得及完成，便深深感到「光陰似箭，歲月如梭」，他望著梧桐樹的黃葉在秋風中簌簌落下，更感到人生短暫，來日不多，便慨然寫下一首詩：「少年易老學難成，一寸光陰不可輕。未覺池塘春草夢，階前梧桐已秋聲。」

我們不妨為孩子們計算一下，人生短暫，轉眼就是百年。然而能活到上百歲的又有多少呢?即使上百，按三分之一的睡眠時間算，那麼你最少要睡上三十幾年，必要的飲食消遣也得花去十幾年時間，況且還有老弱階段。這樣細算之下，真正能用到學習、工作上的時間就少得可憐，這極有限的時間如果我們再不把握，那就會一事無成。難怪古人云：「少壯不努力，老大徒傷悲。」

讓孩子在生活中感受時間，建立時間觀念

我們常說孩子沒有時間觀念，其實錯也不完全在孩子。反思一下，當孩子早起磨蹭時，你是否一著急就幫他穿好了呢？諸如此類的事情也許我們做過許多。由於你不經意間把許多孩子應當自己做的事情都包攬了，所以天長日久，孩子的頭腦中就會形成對別人的依賴性，精神上懶惰了，行動上怎麼能快起來呢？

反思自己，我們真要為此負責呢！所以說，作為父母，生活中有必要常把時間掛在嘴邊，讓孩子親身感受時間的意義，時間的價值。比如：孩子在寫作業之前，先預計一下時間，給一個合適的時間，從幾點到幾點，要求按時完成任務，如果做到了，其他時間自己自由支配。如果孩子能在計畫時間內完成任務，就給予適當表揚。不必擔心他會因求速度而不保證品質，只要在寫作業前提出要求，必須寫得工整認真，一步一步的提高速度和品質。

如果孩子真的做到了，父母就必須實現承諾，剩餘的時間讓孩子做自己喜歡的事（喜歡的事並不一定就是玩）。言而有信，以後孩子才能接受父母新的要求。當孩子真正感受到有自己可支配的時間後，他會更好的利用時間。

教孩子學會制定計畫，科學支配時間

每年、每月、每日都要有計畫。在學習之前，想好先學什麼，再學什麼，要用多長時間，都計畫好。

這個過程對於孩子來說可能還不能自覺完成，這就需要父母的指導。父母可以和孩子共同商討，結合每學期的情況和個人學習情況定出學習計畫，什麼時間學習，什麼時間鍛鍊。還要定期總結，表揚鼓勵好的方面，不足之處將是下一步努力方向。孩子學習有了目標，就明白自己的權力與義務，那麼也自然會懂得珍惜時間。

引導孩子學會利用「邊角餘料」擠出時間

有人說過：「時間就像海綿裡的水，只要擠總會有的。」有些人經常會在發呆、猶豫中虛度很多光陰，而會利用時間的人往往能抓住別人認為無事可做的時間，以此來完成許多事情。父母應該教會孩子在生活中擠出時間來學習。

當然，要孩子擠出時間，並不意味著成天讓孩子在書堆裡。那樣就不符合教育規律了。兒童的天性是愛玩，有勞有逸也很重要。但珍惜時間的習慣一旦從小養成，以後無論遇到怎樣繁重的學習任務，相信他都會應付自如，因為他懂得如何計畫，如何安排，如何更有效。

讓孩子的作息有規律

孩子心理過程的隨意性很強，自我控制能力較差。常常是一邊吃飯，一邊玩樂；一件事情還沒有做完，心裡又想著另一件事情；做事總是雜亂無章，缺乏條理。這時候，父母如果不加注意，就會讓孩子養成「拖拖拉拉」的壞習慣，久而久之，這種壞習慣會根深蒂固。

時間對孩子來說非常抽象，所以他們一般體會不到時間的重要性。但是，父母一定要堅持讓孩子養成有規律的作息習慣。良好的作息習慣是養成時間觀念的前提。父母可以和孩子一起制定一張作息時間表，什麼時間起床，盥洗要多長時間，吃早餐要多少時間，放學後先做什麼，然後做什麼，幾點睡覺等，都可以讓孩子做出合理的安排。只有把作息時間固定下來，形成習慣，孩子才能對時間有一個明確的認識，才能養成良好的時間觀念。

貪玩，不肯學習：真想整天都在玩

模擬現場

亮亮天資聰穎，接受能力強，遊戲、摺紙、踢球樣樣在行，班裡比賽回回第一。可就是貪玩、不愛學習，對寫字、注音、數學沒興趣，上課經常打不起精神，作業也常常拖延不做。下課鈴一響，他一溜煙就跑得無影無蹤了。說起玩來，他頭頭是道。老師多次與他談心，結果還是左耳進、右耳出，一玩起來，就什麼都忘了。

父母應該有這樣的認知，對孩子來說，玩就是生活，玩是孩子們的天性。因此，孩子貪玩是一種正常的表現。

記得老人們曾經說過這樣一句話，「小的時候不會玩樂，大了不讓玩樂，到老的時候想玩樂又玩不動。」由此看來，這個「小的時候，不會玩樂」，可能指的是在小學階段，「大了不讓玩樂」是指中學階段了。孩子到了中學階段由於年齡的增長，智力的開發，逐漸的會玩樂了。隨著知識的累積，興趣的發展，有的時候，見什麼都有一種好奇心，自己也總想動手做一做，因此玩樂的技巧多了，玩樂的欲望也更強了。然而，恰恰就在這個時候，父母、老師開始約束起來。有的父母不讓孩子玩樂，不能外出，不能與同學來往。更有一些父母在放學後乾脆盯著孩子學習。很多學生對這種枯燥乏味的學習感覺是又苦又累。有的漸漸產生厭學心理，有的學生與父母之間還形成了一種反向心理，於是很多心理問題、心理障礙隨之產生。

其實，人在一生之中都離不開玩樂。嬰幼兒的玩樂、少年兒童的玩樂，不僅是在長身體，而且也是孩子透過動手、動腳和動腦的協調活動來成長智力和技能；中年人的玩樂是在繁忙的工作之餘得到休息；老年人的玩樂是為了娛樂，健康長壽。

孩子正是身心發育、成長的高峰期。在這一時期，隨著知識面的拓寬，視野開闊，來自各方面的資訊不斷增加，會促使他們常常異想天開，不但時常編織著自己美好的未來，而且對什麼事情都好奇。他們想玩樂的內容也豐富了，玩樂的方式也多種多樣，貪玩的欲望也比小的時候更加強烈。孩子們的玩樂除了參加一些一般的藝文及體育活動、人際社交活動之外，有時候是與其知識成長、興趣、愛好有關。

有時為了證實或實踐一下自己的想法，有時出於好奇和對生活中一些技能的探討，還有的時候是自己偶爾發現了什麼，於是就動手去試試。

可是，對於這些現象，大多數父母卻是持反對態度。自從孩子上中學以後，看管得也嚴格了，有時間就得學習，不給孩子玩樂的時間，使很多孩子都感到上中學太累，一點「自由」也沒有。

父母不讓孩子玩樂，從客觀上能夠理解，由於絕大多數父母不懂得青少年的身心發展規律，尤其是不懂得青少年在這一時期學習是重要的職責、玩樂是他們的天性這二者之間的辯證關係。地主觀的認為，孩子進入中學，學習的課程緊，內容多，應該是沒有時間再去玩樂了。再則，父母迫切的盼望自己子女成才，所以在一些父母的眼裡，當看到孩子在學習的時候，認為是理所應當的，一看到孩子在玩樂，立即脾氣發作，輕則訓斥，重則打罵。

青少年成才的一個重要的管道是透過他們孜孜不倦的學習。另一個成長和獲得知識的管道，就是各種校內外、家庭、社會的活動，包括青少年感興趣、愛好的遊戲和玩樂等活動，也是成長所必須的一個階段。可一些父母由於不懂青少年身心發育成長的規律，只在第一管道上下工夫，把孩子的第二成長管道給堵死了。結果就像人的一個循環系統遭到堵塞一樣，導致這個系統疾病的發生。在這種情況下，孩子在父母封閉式的管教中只是一味的死讀書，讀來讀去感到心煩、厭倦，於是一些學生產生了厭學、反向心理。這非常不利於孩子提高學業成績。

父母要明白「玩」的真正含義

孩子一生下來，就表現出一種不知滿足的好奇心，而玩能滿足他們的好奇心，使孩子的各種能力得到培養。在玩中，孩子們要摸、要聞、要嘗、要看、要聽、要唱、要跳，以此促進身體的各級生理發育；在玩中，孩子們一起要說話，要進行思想交流，要學會人際關係交往；在玩中，孩子們積極參與，興趣盎然，領受了喜悅，獲得了滿足。孩子們需要快樂，喜歡玩，這中間包含著孩子們對未來的追求，包含著對人生樂趣的渴望。因而父母絕不能以扼殺孩子玩的興趣來作為提高孩子學業成績的前提。

寓教於樂，讓孩子在玩樂中愛上學習

孩子因為愛玩，節假日父母可以陪孩子去玩個夠，遊戲、爬山、打球、下棋等等。在玩的過程中，找機會跟孩子講些古今名人用功讀書的故事，要孩子向名人學習，學好本領才能做好自己喜歡的事。還可以告訴孩子，父母節假日可以去玩，但上班時間不能玩；好孩子課餘時間可以玩，但上課時間不能玩。在玩得高興時，孩子比較容易聽得進道理。這樣寓教於樂，使孩子明白學習和寫作業的意義。

想盡辦法的啟發和引導孩子的求知慾

孩子特別愛問「為什麼」、「這是怎麼回事？」面對孩子千奇百怪的問題，有的父母被問得張口結舌，有的則會不耐煩，不願意被孩子纏得沒完沒了。其實這些問題恰恰是孩子求知慾的萌芽。父母面對孩子的問題，應該耐心的用通俗易懂的語言給孩子解釋，如果自己不懂的，引導孩子從書本中尋找答案。

喚起孩子對學習和知識的濃厚興趣

父母們可以把遊戲和學習結合起來，這項工作在孩子剛剛開始識字或算術時就可以進行了。今天和孩子做遊戲，孩子在遊戲中學會了幾個字；明天為了使孩子學會兩數相加又跟他做個遊戲，並時常鼓勵他從書上尋找答案，久而久之，孩子就會對知識產生興趣，就不會認為學習是一件煩人的、枯燥無味的事情，學習的興趣自然就來了。

對待因學習困難而對學習不感興趣的孩子要有耐心

有的孩子上課注意力不集中，課後不會寫作業，測試成績不理想，往往會受到父母的鄙視、訓斥，甚至打罵。這樣必然會形成惡性循環，孩子感到目標渺茫，喪失了學習的信心，越發對學習不感興趣。父母應當在發現問題的時候，就要注重多和孩子交流，耐心的幫助孩子找到困難的原因，再「對症下藥」，和孩子一起克服困難。然後幫助孩子掌握科學的學習方法，如做好課前預習和課後複習、遇到不懂的地方要多問多思等。最後還可以給孩子樹立一些學習的榜樣，多讓孩子讀一些因勤學苦練而取得成功的故事，增強孩子的自信心，使孩子由厭學轉化為愛學。

第二章　性格影響成績——改善孩子的性格缺陷

沒耐心：虎頭蛇尾，總是半途而廢

模擬現場

小豪是父母和老師眼中的乖孩子：聽話，懂事，熱愛學習。可是在學習上卻有一個很大的缺陷，就是缺乏耐心，比如：在寫作業時，總是前半部分品質好，後半部分則字跡潦草，錯別字很多，還容易犯常識性錯誤。顯然，這不能用粗心來形容，形成前後差異的原因就在於小豪缺乏耐心。

常聽到一些父母抱怨自己的孩子：「我這孩子並不比別的孩子笨，就是沒耐性，學習總是虎頭蛇尾，半途而廢，所以才導致成績趕不上去。」針對這種情況，父母應該知道，學習是否有頭有尾，有始有終，屬於心理活動中的意志心態問題。意志是否堅強，對長大後學習、工作的成敗都有重要的影響。

有句俗話說，「心急吃不了熱豆腐。」這正說明耐心是成功的關鍵因素之一。在心理學上，耐心屬於意志心態的一個方面，即耐力。它與意志心態的其他方面，如主動性、自制力、心理承受力等有一定的關係。

齊白石是近代畫壇的一代宗師。齊老先生不僅擅長書畫，還對篆刻有極高的造詣，但他也並非天生具備這門藝術，他也經過了非常刻苦的磨練和不懈的努力，才把篆刻藝術練就到出神入化的境界。

年輕時候的齊白石就特別喜愛篆刻，但他總是對自己的篆刻技術不滿意。他向一位老篆刻藝人虛心求教，老篆刻家對他說：「你去挑一擔礎石回家，要刻了磨，磨了刻，等到這一擔石頭都變成了泥漿，那時你的印就刻好了」。

於是，齊白石就按照老篆刻師的意思做了。他挑了一擔礎石來，一邊刻，一邊磨，一邊拿古代篆刻藝術品來對照研究，就這樣一直夜以繼日的刻著。刻了磨平，磨平了再刻。手上不知起了多少個血泡，日復一日，年復一年，礎石越來越少，而地上淤積的泥漿卻越來越厚。最後，一擔礎石終於統統都被「化石為泥」了。

這堅硬的礎石不僅磨礪了齊白石的意志，而且使他的篆刻藝術也在磨練中不斷長進，他刻的印雄健、洗練，獨樹一幟。漸漸的，他的篆刻藝術達到了爐火純青的境界。

耐心被認為是一個人心理素養優劣、心理健康與否的衡量標準之一，也是孩子未來成功的關鍵因素之一。培養孩子的耐心不僅對他在學習上有幫助，而且對他今後的人生道路也有很大的影響。但是，孩子畢竟是孩子，許多孩子都不夠有耐心，只要想到了或者聽到了，他們便要求立刻兌現。否則便不停的糾纏、吵鬧，直到父母滿足他們的要求為止。

這其實並不奇怪，因為孩子的耐心並不是與生俱來的，而是需要後天的培養。當孩子不停的用哭鬧強迫父母滿足他的要求時，父母要沉得住氣，一定要注意對孩子進行耐心訓練。只有父母付出耐心才會培養出孩子的耐心。

父母要為孩子做出榜樣

許多孩子沒有耐心，是因為父母在教育孩子時往往也是虎頭蛇尾。所以，父母首先要對孩子有耐心。在開始一種新的活動之前，必須讓孩子把正在進行的活動有個了結。如讓孩子去洗澡，應在開始燒水時就告訴孩子畫好這張畫後，就去洗澡。然後在孩子洗澡之前別忘了認真檢查畫到底畫完了沒有，這本身就是在培養孩子做事有始有終的良好習慣。

為孩子設置點障礙

父母應該有意識的給孩子設置點障礙，為孩子提供一些克服困難的機會。因為耐心是堅強意志磨練出來的，越是在困難的環境中，越能鍛鍊孩子的耐心。父母要鼓勵孩子做事不能半途而廢，做好一件事要經過努力，才能完成。孩子經過努力完成一件事時，應當及時給予表揚，強化做事有始有終的良好習慣。

要集中孩子的精力，使他們持久的沉浸在一種活動中

父母要讓孩子知道，生活中許多事是需要耐心和等待的。有時孩子餓了馬上要

吃，渴了馬上要喝，想要什麼玩具當時就要買，父母可有意延緩一段時間，不要立刻滿足孩子的要求，以培養孩子的耐心。

從身邊的小事來培養

在日常生活中，任何小事情都可以用來培養孩子的耐心。例如：洗碗、擦桌子、收拾房間等。剛開始，孩子會漫不經心的邊做邊想玩，這時父母可以站在一邊督促孩子，讓孩子用心的去做，直到他把碗洗乾淨、飯桌擦乾淨、房間收拾整潔。要讓孩子明白，任何事情都要耐心去完成。

在經歷過小事的鍛鍊後，父母應該再有意識的給孩子設置點障礙，為孩子提供一些克服困難的機會。因為耐心是堅強意志磨練出來的，越是在困難的環境中，越能鍛鍊孩子的耐心。

三分鐘耐性訓練

如果孩子對學習沒有耐性，總是沉迷於玩樂當中，父母可以試試其他的方法。

安吉娜・米德爾頓在《美國家庭教育》一書仲介紹了一種「三分鐘」耐性訓練

法，這種方法被證明是訓練孩子耐性的好方法。

皮奈特是一個缺乏耐性的孩子，他只愛看電視和玩遊戲，對書本不感興趣。

一天，父親拿著個沙漏，告訴他說，這是古時候的鐘錶，裡面的沙子全部漏下去時，正好是三分鐘。皮奈特想玩玩這個沙漏，這時父親說，以沙漏為計時器，你和爸爸一起看故事書，每次以三分鐘為限。皮奈特很高興的答應了。

第一次，皮奈特果然靜靜的坐下來聽爸爸講故事。但事實上他根本沒有留意看書，而是一直看著那個沙漏，三分鐘一到，便跑去玩了。但是皮奈特的父親沒有氣餒，他決定多試幾次。這樣數次之後，皮奈特的視線漸漸由沙漏轉移到故事書上了。雖說約定三分鐘，但三分鐘過後，因為故事情節吸引人，皮奈特聽得特別入神，他要求延長時間，但父親堅持「三分鐘」約定，不肯繼續講下去。皮奈特為了早點知道故事情節，就自己主動閱讀了。

在這裡，皮奈特的父親用了一種循序漸進的訓練，對孩子進行了潛移默化的教育。這實際上是透過孩子感興趣的東西，使孩子的注意力在一定時間內專注於某一對象，久而久之，孩子形成了習慣，也就提高了耐性。

三分鐘的時間，正好適合孩子注意力的特點，三分鐘後立即打住，這樣不僅使孩子覺得父親守信，而且還利用了孩子的好奇心，引發了他主動學習的動力。當然，培養孩子的耐性，父母也要有耐心和恆心，不要試了一兩次後覺得沒效果就放棄了。

浮躁：沒有辦法靜下心來

模擬現場

小海參加了學校的繪畫興趣小組，沒學幾天，覺得足球運動最流行，於是改學足球；又過不久，感覺踢足球太累，想學一點輕鬆的，就上了手工班；但做手工又太繁瑣，於是轉學鋼琴……這樣，不斷的換班，始終沒有靜靜的坐下來，專心學好一門本領。一學期結束，小海發現自己什麼也沒有學會。

浮躁心理是當前一些孩子的通病之一，表現為行動盲目，缺乏思考和計畫，做事心神不寧，缺乏恆心和毅力、見異思遷，急於求成，不能腳踏實地做事情。比如：有的孩子對所學知識有了一點膚淺的認識，就不肯再深入思考。還有的孩子，正在做的事情還沒有完成，就去做別的事情，結果，一樣事也沒完全做好。還有的孩子興趣愛好轉換太快，做什麼事都沒有常性，就像小海，今天學足球，明天學鋼琴，三天打魚兩天晒網，忽冷忽熱，最終一事無成。

人一浮躁，就靜不下來，就不能專心致志的工作、學習。一會想這，一會想那，做任何事，包括學習都是蜻蜓點水、浮光掠影，不踏實。生活中，像小海那樣的孩子並不少。他們在學習中不願務實，喜歡幻想，心緒不寧，煩躁不安，想得多，做得少，結果到頭一無所獲。所以，要想學有所成，必須拒絕浮躁，做到用心專一的學習，少說廢話，多實踐。

要杜絕孩子的浮躁心理，就得先弄清楚其產生的原因。一般來說，浮躁心理產生的原因大概有以下幾點：

（一）父母的影響。有的父母在生活中表現出做事情急功近利的浮躁狀態，這種心理也影響到子女。

（二）與遺傳有關。心理學的研究表明，具有不靈活、不平衡的神經類型的人，容易急躁，沉不住氣，做事易衝動，注意力易分散。

(三)意志心態薄弱。有的父母和老師只知給孩子灌輸知識，卻不知培養孩子的意志心態，因而造成有的孩子學習怕苦怕累，做事急躁冒進，缺乏恆心。

(四)沒有形成良好的學習習慣，孩子出現浮躁現象後，父母沒有及時給予糾正和提醒，使其成為一種習慣。

氣球浮躁，有爆炸的危險；河水浮躁，有氾濫的危險。學習浮躁，有成績下降的危險。

學習是一個在新領域中不斷探求、不斷進步的過程。它要求有嚴密的思維、踏實的行動。清除浮躁的感覺，把心思收回來，才是成功的祕訣。

著名音樂家傅聰成名前在英國留學，有一段時間感到莫名的煩躁，靜不下心來學習。他父親傅雷聽說後，寫給他一封信，信中有這樣一句話：「要經得住外界花花綠綠的誘惑，要沉下心來，坐得住冷板凳，才能保證心靈的通道暢通無阻，才能讓知識直抵內心和腦海。」

「心有浮躁，猶草置風中，欲定不定。」這是一位國學大師在一次演講中送給青年學生的話。他告誡青年學子不能浮躁，要自定心神，集中精力，專注於功課。這樣才能有進步，人生才能有所成就。

現在的孩子生活在一個五彩繽紛的世界裡，各種新奇玩意，奇門巧類，多如牛毛。孩子很容易分散精力而被吸引過去，對於學習就難以全神貫注、專心致志的進行，就會出現「身在曹營心在漢」的現象，這樣學習，怎會有效果呢？所以，學習要克服浮躁，腳踏實地。

教育孩子立長志

俄國偉大作家托爾斯泰說過：「理想是指路的明燈。沒有理想，就沒有堅定的方向；沒有方向，就沒有生活。」父母和老師只有幫助孩子樹立遠大的理想，才能使孩子明確生活的目的和對崇高理想的追求，培養對生活和學習的高度責任感，這對防止孩子浮躁心理的滋生和蔓延是十分有利的。

俗話說：「無志者常立志，有志者立長志。」我們要告訴孩子立志不在於多，而在於「恆」的道理。要防止孩子「常立志而事未成」的不好結果的產生。正如赫伯特所說：「人不論志氣大小，只要盡力而為，矢志不渝，就一定能如願以償。」

重視孩子的行為習慣

一是要求孩子做事情要先思考，後行動。要引導孩子在做事之前，經常問自己這樣一些問題：「為什麼做？做這個嗎？希望什麼結果？最好怎樣做？」並要具體回答，寫在紙上，使目的明確，言行、方法具體化。二是要求孩子做事情要有始有終。不焦躁，不虛浮，踏踏實實做每一件事，一次做不成的事情就一點一點分開做，積少成多，積沙成塔，累積的最後即可達到目標。

讓孩子只做一件事

孩子身上表現出來的浮躁往往是這樣：做了很多事，但沒有一件事做得徹底；做了很多道題，但沒有一道題完成。為糾正這種做事不徹底的毛病，父母要監督和鼓勵孩子把一件事做完、做好；留給孩子的題目宜少不宜多。題目數量少，難度適中，孩子就能順利完成，反之，東做一道題，西做一道題，最終卻沒有一道題徹底完成，浮躁就這樣慢慢爬上孩子的心靈。所以，要想克服浮躁的壞習慣，就要從只做一件事、做好一件事開始。

有針對性的「磨練」

可以採取一些措施，有針對性的「磨練」孩子的浮躁心理。如父母指導孩子練習書法，學習繪畫，彈琴，解繩結，下棋等，有助於培養孩子的耐心和韌性。此外，還要指導孩子學會調控自己的浮躁情緒。例如：做事時，孩子可用語言進行自我暗示，「不要急，急躁會把事情辦壞」，「不要這山看著那山高，這樣會一事無成」，「堅持就是勝利」。只要孩子堅持不斷的進行心理上的練習，孩子浮躁的毛病就會慢慢改掉。

幫助孩子調節心理狀態

當孩子因學習而心情煩躁的時候，可以讓孩子先把功課放一放，聽一曲優美、舒緩的音樂；可以帶孩子出去散散心，減輕心理上的負擔，讓心情平靜下來，以更充沛更集中的精力重新投入到學習中。這樣，孩子就會心無旁騖，專注學習，浮躁之心自然就消失了。

用榜樣教育孩子

身教重於言教。首先教師和父母要調適自己的心理，改掉浮躁的毛病，為孩子樹立勤奮努力，腳踏實地工作的良好形象，以自己的言行去影響孩子。其次，鼓勵孩子向榜樣學習，如革命前輩、科學家、發明家、勞動模範、文藝作品中的優秀人物以及周圍的一些同學的生動、形象的優良品格來對照檢查自己，督促自己改掉浮躁的毛病，教育培養其勤奮不息，堅忍不拔的優良品格。

驕傲自大：我是最聰明的

模擬現場

「媽媽，我這考試又是滿分！」曉文一進家門就高興的告訴媽媽這個好消息。

「是嗎？你真棒。」媽媽稱讚著。

「李特特才考了七十八分，真是遜極了，他沒有一項可以超過我。在我的朋友中，我是最聰明的。」曉文抬著下巴說。

「曉文，你不可以這麼說你的朋友。」媽媽不高興的說。

「可是，這是事實啊，他就是不如我。」曉文並不認為自己有什麼不對。

俄羅斯文學家巴夫洛夫說過：「絕不要陷於驕傲。因為一驕傲，你們就會在應該同意的場合固執起來；因為一驕傲，你們就會拒絕別人的忠告和友誼的幫助；因為一驕傲，你們就會喪失客觀方面的準繩。」無數事實說明，巴夫洛夫說的是正確的。人一驕傲起來，那麼等著他的，必然是脫離實際、脫離真理的情況，挫折和失敗的厄運就將接踵而至了！

在現代很多家庭中，有些獨生子女，所以這些孩子往往容易產生驕傲自大的情緒，往往目中無人，不屑於與別人交往，心胸也極為狹窄。他們可能會在學習上取得一定的成績，但往往只滿足於眼前取得的成績，而且他們看不到別人的成績。此外，這一類孩子還很難和同學們友好相處，因為他們不能做到平等相待，總是以高人一等的態度對待人或喜歡指揮別人。

「謙虛使人進步，驕傲使人落後」，父母應該讓孩子明白這樣一個道理：妄自尊大，目中無人，會讓與你接觸的人頭痛不已，很難給別人一個好印象，從此你所能交得的新朋友，將遠沒有你所失去的老朋友那樣多，直到了眾叛親離的絕境而後已。試想到了那時，你做人還有什麼趣味？你行事還有什麼偉大的成就？你的名譽還能靠誰來傳揚呢？

作為父母，還應該耐心的教導孩子，讓孩子學會正確的評價自己。既要認識到自己的優點，又要看到自己的不足。此外，父母還需要規範孩子的行為，督促他們改正驕傲自大的壞毛病。告訴孩子，在交友中應該怎樣做和不應該怎樣做，並加以訓練和指導，使其養成良好的行為習慣，多發現其他人的優點、長處，虛心向其他人學習。這樣，他才會受到大家的歡迎。

父母要透過給孩子講一些具體的事例，來讓孩子知道「人外有人，天外有天」的道理，讓孩子知道世界上總是會有比自己更優秀的人存在，切不可因為取得一點點成績就沾沾自喜，盲目自傲。告訴孩子人各有長短，即使是最卑微、最弱小的人，也有其他人所不及的地方，同樣，再強大的人也都有他自己的弱點。不可用自己的長處去與他人的短處比較。

父母還應該減少孩子的物質優越感。過於優越的環境會讓孩子產生一種高高在上的心理感覺，從而會看不起一些條件普通的同伴。盡量不要給孩子過多的物質獎勵，要防止孩子獲得過多的物質獎勵而產生畸形的滿足感，從而削弱進取意識。父母要讓孩子明白，好條件是父母、長輩和社會一起創造的，他其實和其他同學一樣，沒有什麼特別的地方。

適時並準確的表揚

父母對孩子的優點，成績過頭的誇耀，往往使孩子頭腦發脹，容易造成孩子驕傲自大的性格。所以，父母平時準確適度的評價尤為重要。

旁敲側擊，告訴孩子你的態度

發現你的孩子有了驕傲的傾向，不要覺得這是糟糕透頂的事情。最好旁敲側擊的將你的態度告訴孩子。比如告訴孩子你自己的一些經歷，遇到過的一些驕傲的傢伙以及自己對那種人的評價，但不能是詆毀。

不妨讓孩子碰一次壁

有些孩子屬於「不見黃河不死心」的類型，那麼就不妨讓他（她）碰一次壁，當然是在你的耐心規勸之後。但是切記，當孩子真的碰了壁，你應該做的不是諷刺打擊，而是關心與規勸。

給孩子反省的時間

孩子如果對於你的說教無動於衷的話，你也先不要生氣。因為，你可以給他（她）一點反省的時間。因為每個孩子都是獨特的，所以不要期望你的「道理」立刻就被接受。看到他（她）的無動於衷，你可以說：「那好，我先離開一會兒，然後我們再談。」

父母要以身作則

父母用自身的胸懷坦蕩、謙遜好學、嚴格自律、奮鬥不息的形象感染孩子，那麼，孩子必然會遠離驕傲。

給孩子機會糾正驕傲

給孩子創造改正錯誤的機會，要在生活中發現孩子的特質，不斷肯定他們的點滴進步，及時糾正他們驕傲自滿的情緒，使孩子健康成長。

抗壓性低：無法正確面對挫折

模擬現場

這是一則真實的新聞：

高三學生張羽（化名）因考大學分數與估分相差甚遠，與第一志願無緣而在家自縊身亡。據張父說，考大學最低錄取揭曉後，張羽分數相差甚遠。張羽沉默了好久，但是看上去還算正常。第二天，張羽與其父一起去查詢志願，並打聽是否可以上補習班，晚上九點多他便上樓睡覺去了。

但是，當天晚上十點二十分，當張羽的母親上樓睡覺時，卻發現張羽割腕自殺，一家人趕緊送他去醫院搶救，可為時已晚……

像張羽這樣的學生在現實中並不少見，每過幾年都會有一些類似的學生，因為考試成績不理想，經受不住這樣的挫折，而選擇輕生的道路。

事實上，每個孩子在學習中都會或多或少碰到一些挫折。學習挫折是指學習目標的實現受到阻礙，一時又無法克服而產生的情緒反應或緊張狀態。這種現象在學習過程中是經常發生的。如：講課內容聽不懂，記憶力衰退，考試失敗等。

事實上，學習挫折不是無緣無故產生的，它是由一定的原因引起的。

首先，學習動機不明確。教育心理學研究認為，學習動機是直接推動學生進行學習的一種內部動力，是激勵和指引學生進行學習的一種必要的心理狀態。有的孩子由於學習動機不明確，他們不清楚自己為什麼要學習，總覺得學習是件苦差事，沒有學習願望，對學習不感興趣，缺乏學習自覺性和求知慾望，因此，一提到學習就經常會產生嚴重的挫折感。

其次，學習意志不堅定。意志是一個人為了達到既定目標而自覺努力的心理活動，它是完成個人目標所必備的心理素養。在學習中會遇到很多困難，而克服這些困難需要堅強的意志。德國天文學家克卜勒，從童年開始便多災多難，在母腹中只待了七個月就早早來到了人間。後來，天花又把他變成了麻子，猩紅熱又弄壞了他的眼睛。但他憑著頑強、堅毅的心態發憤讀書，學業成績遙遙領先於他的同伴。後來因父親欠債使他失去了讀書的機會，他就邊自學邊研究天文學。在以後的生活中，他又經歷了多病、良師去世、妻子去世等一連串的打擊，但他仍未停下天文學研究，終於在五十九歲時發現了天體運行的三大定律。他把一切不幸都化作了推動自己前進的動力，以驚人的毅力，摘取了科學的桂冠，成為「天空的立法者」。

教會孩子正確認識挫折

父母要讓孩子明白，一個人一生中在學習、生活中遇到各式各樣的挫折是很正常的事情，挫折並不等於絕境。在遭受挫折時，要學會了解自己受挫時的思想與心理，及時調整，要學會克服困難，經受實踐的考驗。當再次遇到挫折時，能理智的控制自己。

多肯定、鼓勵孩子

當孩子遇到挫折時，父母應當及時去關心和鼓勵孩子，給孩子安慰、鼓勵和必要的幫助，使孩子不會感到孤獨無助。

這時，父母要盡量避免消極否定的評價，如「不要再試了，再試也沒有用的」、「做不好就別做了」、「怎麼這樣笨，別人早就做完了」等，這種話只會強化孩子的沒自信和失敗感，父母不妨採用一些積極肯定的評價。如「雖然你沒有成功，但我要表揚你，因為你有勇氣去試試就很好。」「你一定要相信自己，爸爸媽媽相信你可以。」這樣做會使孩子意識到自己的努力是受到肯定和讚揚的，自己完全不必害怕失敗，從而慢慢學會承受和應付各種困難挫折。

培養孩子對待挫折的正確態度

作為孩子，對周圍的人和事物的態度常常是不穩定的，易受情緒等因素的影響，在碰到困難和失敗時，他們往往會產生消極情緒，不能以正確的態度對待失敗和挫折，這時，父母要及時告訴孩子，「失敗並不可怕，你只要勇敢，一定能做好的」，「從失敗中吸取教訓，看一看下次怎樣做」。父母要有意識的將孩子的失敗作為教育的契機，引導孩子重新鼓起勇氣大膽自信的再次嘗試，同時，教育孩子敢於面對困難和挫折，提高克服困難和抗挫折的能力。

讓孩子學會接受正確的批評

有的父母總怕孩子受委屈，即使孩子做錯事，也從不說孩子的不是，久而久之，使孩子養成了只聽得進讚揚的話，而不能接受批評的壞習慣，在學校一受到老師、同學的批評，就會出現蹺課、與同學發生衝突的事件。因此，父母應該讓孩子認識到每個人都有缺點，這些缺點自己不知道，但別人很容易發現，只有當別人批評時，自己才知道錯在哪裡，別人指出自己的缺點並非討厭自己，而是幫助、愛護自己，讓孩子懂得有了缺點並不可怕，改正了就是好孩子。

提供孩子鍛鍊的機會

父母要提高認知，改變原來的教養態度，讓孩子走出大人的「保護圈」，放開手腳，不要怕孩子摔著、碰著、餓著、累著，孩子摔倒了鼓勵他自己爬起來；對挑食、偏食、厭食的孩子，餓他一兩頓又何妨。孩子的事情讓他自己做，自己能解決的問題父母不要去幫忙，例如：要玩具自己去拿，衣服、褲子自己穿，在家庭生活中，要安排孩子做一些力所能及的事，千萬不可把孩子成長過程中的困難都解決掉，把他們前進的障礙清除得乾乾淨淨。

挫折教育要因人而異

同一挫折對不同的孩子產生的心理反映不同，因此，父母要根據孩子的性格進行挫折教育，孩子自尊心較強，好強、愛面子，遇到挫折容易產生沮喪心理，對這類孩子父母不要過多埋怨、批評，而是點到為止，多加鼓勵；較自卑的孩子，本來對自己的能力就缺乏信心，父母切忌過多指責，而要多加安慰和鼓勵，要善於發現他們的長處，創造成功的機會，增強其自信心。其次，要根據孩子的能力進行教育，能力較強的孩子遇到挫折時，父母應重在啟發，讓他們發現受挫的原因，放手讓他們去解決問題；能力較弱的孩子，應該幫助他確立切合實際的目標，制定由低到高、由易到難的計畫，使孩子能不斷的看到自己的進步，從而逐步形成克服困難和挫折的能力。

不願向他人請教：學習是一個人的事情

模擬現場

十二歲的丹丹是一個非常好學的孩子，也頗為擅長自學，可就是性格比較驕傲，比較內向，不願意和同學們討論問題，自己有問題也不願意求助，而是一個人埋著頭苦苦思考，這雖然是獨立性思考的展現，但也是使她走了不少彎路，在一些學習問題花費了太多的時間，更為嚴重的是，和同學接觸的越少，使她在人際關係的處理上，越發的茫然和不知所措，反過來，這又影響了她的學業成績。父母為此極為苦惱。

在南美洲草原，山坡上的草叢突然起火。無數螞蟻被熊熊大火逼得節節後退，火的包圍圈越來越小，螞蟻似乎無路可走了。然而就在這時，出人意料的事發生了：螞蟻迅速聚攏過來，緊緊的抱成一團，很快就滾成了一個黑糊糊的大蟻球，蟻球滾動著衝出火海。在劈劈啪啪的響聲中，儘管蟻球表面被燒成了火球，外面的螞蟻被燒死了，但裡面的螞蟻卻得以絕處逢生。

如今的獨生子女，「在家一條龍，出門一條蟲」，只會在家裡對父母發號施令，卻喪失了向外求助的意識和能力。遇到困難、危險不會求助、求援，不會合作，後果令人擔憂。大火壓境，螞蟻尚且知道合作逃生，難道我們的孩子不需要補上這一課嗎？

一個人總會碰到自己解決不了的問題的，主動的求助意識是生活內容的一部分，是一種生存能力。

未來的社會，需要我們的孩子學會求助、學會合作。李開復博士節目中談到人才時，把「團隊精神」列為人才最需要具備的四大素養之一（另三個是人品、智慧和熱情）。隨著新課綱的推行，研究性學習全面發展，以前那種「單打獨拼」的方式已經很難勝任這種全新的學習形式，學會合作顯得更為重要。

現在的孩子由於在家受到父母無微不至的照顧，父母包辦代替，使孩子覺得沒有求助的必要；平時父母為了孩子的安全，基本上都讓孩子待在獨門獨戶的家裡，少了與人交往與溝通的機會，也就少了許多了「求助」的機會。

學生或父母煞費苦心找老師補課，到明星學校去找，不遠「萬里」，不惜重金，為什麼就不花點時間讓孩子學會相互請教，相互學習呢？一味崇尚「上問」，而不提倡「互問」，實在是教育的一大弊端。

同班同學讀的是同一種課本，聽的是同一堂課，又是受教於同一位教師，而且大家在學習中思考的也常是同一個問題。共同的話語更容易使大家心有靈犀一點通。

同學間的相互請教完全不會有什麼隔閡。彼此之間有著非常熟悉的共同語言，也面臨著同樣的困惑，避開成人的監聽，討論問題也更加暢快淋漓。有許多不登大雅之堂的小竅門，出自教師之口有違師道尊嚴，在學生之間卻流傳得十分暢通，不規範但管用。有些教學理論常常過度嚴格，甚至束縛老師們的思維，使其不敢越雷池一步，非禮勿視，非禮勿說，否則就有誤人子弟之嫌。事實上，這樣的教學理論並非無懈可擊。有個孩子曾說，當初他學英語，許多單字就是讀不出，苦惱了許久而無法入門。同學教他用注音、諧音的方法，使他逐漸找到了學習英語的竅門。這在老師的規範教法中，是違規之舉。老師們普遍認為這樣的方法會讓學生的英語學習走向歧路，但這學生偏偏認為自己是絕處逢生，而事實證明，這樣的方法至少對這個學生奏效了。

更重要的是同學之間互相請教十分方便。遇到難題隨叫隨到，拉過來可以問，扯過去就能教，遠比擠出時間千里迢迢請教老師方便得多。同學之間如果有爭論，效果更好，互不相讓，唇槍舌劍，這些知識極有可能成為學生永遠的記憶。

同學之間如果爭論不出結果，大家都對討論的問題束手無策時，再去向老師求教，這時老師的指點就相當有效，因為他們是經過認真思考才提問的。

引導孩子學會自己處理問題

在日常生活中培養孩子的自理能力，如要自己整理書包，準備好課本、文具等；衣服、玩具、書籍也要自己整理好放在固定的地方。

創造條件讓孩子學會求助

平時向鄰居借個工具、外出問路、請親朋好友幫助等小事讓孩子去求助，讓他在受到別人幫助的喜悅中增強求助的勇氣和信心。

鼓勵孩子勇於求助

如孩子校外教學口渴向同學借錢買水喝；考試時筆不能寫了向同學借；學習有

困難，請教老師、同學幫助解決……你都要表揚、鼓勵。

創造條件「放飛」孩子，讓他們感受到幫助別人的喜悅

只強調「競爭」而忽視「合作」的誤導，很容易使孩子將這兩者關係對立起來，並不知不覺的培養了極端的個人主義。這樣的孩子常常因為狹隘的心胸、嫉妒和仇視他人的心理而得不到別人的理解和幫助，阻礙了他們在學習和事業上的發展。

英國的卡文迪許實驗室，在一九〇一年到一九八二年間，先後共有二十五位科學家榮獲諾貝爾獎，從而成為各國莘莘學子嚮往的「聖地」。卡文迪許實驗室之所以能培養出如此眾多的優秀人才，就是因為這裡的科學家宣導並養成了密切合作的風氣，打破了「文人相輕」的循環，善於合作使他們走向成功、步入輝煌。

抵觸老師：就是不想上他的課

模擬現場

某國中兩男兩女四位學生一起離校出走。

據了解，這四位同學離家出走的原因在於太早談戀愛，學業成績差，對老師的教育產生排斥感，所以經常不上老師的課，結果導致學業成績直線下降，最終離家出走。學校獲悉情況後，急忙組織教師四處尋找。警方提供的資訊表明：這四位同學「正被社會不良人員所控制，極易遭受不測傷害。」

現在的老師，談起自己的學生，大多有一種痛心疾首的感覺，認為現在的有些學生不會尊重老師，見面不打招呼，有的還當面頂撞老師，甚至辱罵老師。在某一所中學裡，甚至出現了學生跑到講臺上摑老師耳光的事情。有的老師甚至偏激的說，報紙上天天誇大老師體罰學生的事情，學生抵觸老師，甚至報復老師的事為什麼不也說一說呢？的確，在學校中，學生抵觸老師的現象越來越嚴重，有蔓延之勢。如果聽任孩子對老師產生排斥感，無論是對整個的教育，還是對孩子自身的成長，都是危害無窮的。

一位老師講述了他自己經歷的一件事情：「一天，我與兩位學生一起從辦公樓下來，即將走出樓門的時候，她倆突然停住不往前走了，我發現她倆迅速交換了一下眼色，然後對我說：『老師您先走，我們還有點事。』話音未落就往後跑，一溜煙的工夫就在樓梯口消失了。當我醒過神來，看見她們的班導正好走進大門，我這才恍然大悟，原來這兩個孩子懼怕自己的班導。」表面上看起來是懼怕老師，其實是對老師的一種無形的排斥感在起作用，由於她們是女孩子，表現得不那麼明顯和直接罷了。

為什麼？在一個有幾千年尊師重教傳統的國度裡，學生與老師的關係為什麼如此緊張呢？教育專家指出，孩子對老師產生排斥感的原因主要有以下幾個方面：

（一）反向心理作祟，透過發洩對老師的不滿來反抗家庭。孩子的年齡越大，好奇心和求知慾就越來越強烈。有的父母和老師對孩子表現出來的剝根尋底的行為表現得十分不耐煩，簡單粗暴的同答孩子的問題。孩子的需要得不到滿足，對父母的反抗經過多次嘗試發現作用甚微，何況自己又要依賴父母生活，不能對父母進行反抗，於是不滿情緒就轉移到老師身上，一股腦兒發洩給老師。

（二）老師對孩子忽視或冷淡，孩子透過抵觸來引起老師的注意。孩子在學校裡，除了學業的優秀能給他帶來成就感外，老師的關心與重視同樣能讓他得到很大的心理滿足。有的孩子在學習上遇到疑問時，向老師請教，老師用書上的道理給孩子回答，可有時並不能解決孩子的疑問，這時有些老師就會顯得不耐煩，粗暴的打斷孩子的問題。孩子的自尊心受到傷害，為了引起更多的注意，就透過抵觸老師的方式來實現被重視和注意的願望。

（三）老師的教學方式不當。有的老師習慣為學生貼標籤，對學生產生武斷的判定，好學生什麼都好，差學生一無是處；有的老師不了解孩子的心理特點和需求，對孩子提出了不恰當的過高或過低的要求；有的老師教育方式簡單粗暴，不會尊重孩子，甚至打罵孩子；如此等等，都會使孩子產生排斥感。

事實上，在排斥感的背後也隱藏著一些積極的因素。孩子的排斥感表明了這些孩子具有強烈的自主意識，獨立性強，不事事言聽計從，依賴別人，這樣的孩子以「抵觸」的方式維持心理平衡，敢於發洩心中的不滿，如果加以正確引導，排斥感還可以發揮積極作用呢！從另一方面來講，孩子的排斥感也折射出我們教師教育方式的不夠合理的一面，它也會提醒教師和學校改善教育方式，更有利於教育的發展和孩子的成長。

尊重孩子，讓孩子發表對學校和老師的看法

當孩子產生了對老師的排斥感後，父母首先要以一種和藹的態度與孩子交談，不要聲色俱厲的斥責孩子，讓孩子在寬鬆、自由的氛圍中發洩對老師的不滿，這種

發洩可以達到一種平衡心理的作用。父母認真的傾聽，孩子會感覺到自己的煩惱得到了尊重，就會毫不隱瞞的把自己抵觸老師的原因講出來。父母等孩子的情緒穩定下來之後，與孩子一起冷靜的分析事情的利弊，客觀的看待排斥感。如果問題的主要原因在孩子，就要合理利用孩子爭勝好強的心理，因勢利導，幫助孩子認識到自己的錯誤，提高孩子認識自己缺點的能力。

讓孩子學會包容，從老師的角度思考問題

作為父母，切忌對孩子的排斥感一棒子打死，讓孩子無條件的服從老師，這樣只會加劇孩子對老師的反抗。此外，有的父母也不要完全站在孩子的角度思考問題，過度溺愛孩子，甚至與孩子一起指責老師，更甚者跑到學校裡與老師爭吵一番，這樣做，結果只能更糟。孩子的認識有的時候有偏激的一面，很容易以自我為中心，僅站在自己的角度看問題。在這點上，父母要學會培養孩子的包容心，讓孩子學會換位思考，讓孩子站在老師的角度重新審視，必要時還可以創造場景讓孩子體會老師的情緒和難處，為老師著想。這樣的話，就可以幫助改善孩子和老師的關係，減輕孩子對老師的排斥感。教孩子學會了尊重老師的同時還要鼓勵孩子有想

法，善於提出問題，不能從此之後噤氣噤聲。

與學校、老師進行溝通，積極配合老師教育孩子

有一些孩子，在學校裡與在家中的表現迥異。在家裡非常勤快，又懂事又聽話，是一個很乖的孩子，可一到學校，就情緒低落，不愛學習，表現糟糕，經常受到老師的批評，也經常頂撞老師。家庭與學校教育方式的差異導致了孩子的這種反差極大的性格表現。出現這種情況時，父母要主動的、心平氣和的與老師溝通，向老師提供孩子在家的一些日常表現狀況，讓老師也了解孩子的行為表現的另一側面，對孩子的行為有一個全面的評價。父母要與老師一起分析雙方在教育孩子的方式上存在的差異，求同存異，給孩子一個接近的教育價值觀，不至於讓孩子陷於兩難境地。

不知變通：固執，愛鑽牛角尖

模擬現場

小凡是一個特別喜歡學習的孩子，可就是特別愛鑽牛角尖，遇到問題總是固執己見，一旦他認為是對的，就很難改過來。有一次，在做一道數學題目時，老師指出他的解題方法是錯誤的，可是，小凡卻不聽老師的話，堅持用錯誤的方法去解這道題。結果，花費了大量時間，也沒有解出這道題。

任何事物的存在都是分很多層面的，我們可以從各種不同角度對它進行觀察。一件起初認為不好的事如果從另一個角度觀察，也許能看到它好的一面。有人說下雨不好，因為雨水會弄溼衣服，但從另一個角度看，雨水能滋潤農作物，能給農民帶來好收成，怎麼能說下雨不好呢？

有一位老太太整日愁眉苦臉，逢人便抱怨自己命苦。一天她遇見一位智者，智者關切的問道：「老人家，您有什麼事情呀？能不能對我說一說？或許我能幫你解決問題。」老太太就把自己的煩惱講了出來。原來她有兩個女兒，大女兒是賣花的，二女兒是賣傘的。晴天的時候，傘是無人問津的，她替大女兒煩惱；陰天的時候，花又沒有人來買了，她又替二女兒擔憂。所以她是晴天愁，陰天悶，沒有一天能高興的。智者聽後，沉默了一會，說：「老人家，其實你每天都高興才是。晴天的時候，二女兒的花賣得好，陰天的時候，大女兒的傘是搶手的。你說這是不是兩件很令人高興的事情呀！」老太太一聽，恍然大悟。從此她每天生活得很愉快，享受著每一個晴天和陰天。

人生不如意之事，十之八九。面對生活中的困難與挫折，如果一味的沉浸其中，不但不能解決任何問題，反而有可能使以後的事情也變得很糟。這時候我們需要換個角度去考慮問題，「轉念一想」就是一劑良藥，它的效果非常神奇。它讓所有聰明的人去換種方式看待生活，不鑽牛角尖，豁達寬容，這樣自然也就心明眼亮了。

（二）鑽牛角尖與創新有本質的區別。

有這樣一位父親，是位「反常規」高手，什麼問題在他的腦子裡一過濾就會產生異於常人的想法，他很以此而自豪。但最近他的煩惱卻來了，並且是個天大的煩惱，他的兒子完全繼承了這位父親的衣缽，在學習上將這個傳統發揚光大了。對一加一等於多少這樣的問題，兒子也有不尋常的答案。當然，對這個問題確實有不同的答案，但那都是特定條件下的答案，不能與常規答案混為一談。對這樣的問題鑽牛角尖是沒有任何意義的。如果小孩從小就缺乏正常的思維，老是在那裡鑽牛角尖，就如同在一張白紙上寫滿亂七八糟的東西，而正常的東西卻找不到合適的位置。這不是教孩子創新，是把孩子帶到了一條死路裡，是害了孩子。

簡單問題複雜化，並不是沒有好處，正是許多人一直這樣做事，才使我們的生活發展到了今天。如果牛頓不去思考蘋果為什麼會落到地上這一在很多人看來非常「簡單」的問題，他就不會發現萬有引力定律；如果愛因斯坦不喜歡深入思考，他也不會發現相對論。如果沒有一代代偉人的不屈不撓的探索，恐怕人類現在還以為地球是方的，太陽繞著地球轉呢。但是他們不是鑽牛角尖，這兩者有著本質的區別。他們的思考是遵守邏輯的，是在既定事實的基礎上的深究。而鑽牛角尖則從根本上違反了邏輯。

我們的素養教育要求的是有創新能力的人才，不是鑽牛角尖的怪才。這一點是必須明確的。

（二）鑽牛角尖容易讓人走入歧途。

在現實中有許多的案例可以證明這一說法。某學生因為考大學失利離家出走了，某學生因為受老師批評自殺了。年紀輕輕的生命就這樣走到了盡頭，實在可惜。為什麼會出現這種情況呢？答案就是這些學生不懂變通，愛鑽牛角尖，固執，一旦遭受精神上的苦悶、折磨或打擊時，往往就痛不欲生，就選擇出逃或死亡來解脫。

曾經有這樣一篇令人不可思議的報導：

一位達到婚嫁年齡的女孩子，總是覺得因為自己的鼻梁太低，所以才沒有人追求她，因此非常憂慮。有一天，她的朋友開玩笑的對她說：「你的鼻梁這麼低，大概一輩子都嫁不出去了，你就做一輩子的老女孩吧。」那位女孩子聽了這話，平時的焦慮猛然爆發，一發不可收拾，回去後便自殺身亡了。

這位女孩子之所以會自殺，就是因為她在一條斜路上越走越遠，鑽牛角尖使她的心胸日益狹隘，終於選擇了不歸路。我們要做健康陽光的一代人，就得丟棄這種惡習。

(三)學習不需要鑽牛角尖。

有人提倡一種「跳讀法」的讀書方法。他認為，讀書遇到難點，是應該經過各方面的努力弄懂它，但遇到暫時無法弄懂的問題，就要「跳過去，再向前進」。這樣，到後來隨著閱讀的深入，前面的問題就會得到自然的解決。他說，讀書要「先易後難」，不鑽牛角尖，書讀多了，理解力就提高了，知識面就擴大了，先前不懂的疑問自然就會迎刃而解了。

學習也是如此，如果遇到難點，就去鑽牛角尖，不僅解決不了問題，還會延誤我們學習新知識、解決新問題的時間。

如果我們對一切知識都鑽牛角尖，為什麼這個問題得這樣解決，而不那樣做呢？為什麼這個詞的意思是A，而不是B呢？我們把時間都花費在思考類似的問題上，就不可能有機會接觸更多的知識了。

「死鑽牛角尖」的學習方法會讓我們荒廢最佳的累積知識的時期。學習的高明之處便在於，先在人生記憶、模仿的黃金時段，盡量記憶、模仿，待到日後再去慢慢的領悟，分批消化，從而享用一生。

不能讓孩子的上進心變質

孩子有上進心是好事情，但父母要注意，不能讓孩子的這種上進心變質。有的時候，孩子會產生這樣的想法：「我就不信今天做不出這道題」，「我就不信自己的看法是錯誤的」，「我一定能考一百分的，我不允許自己失敗」，……這是孩子對自己的一種期望，原本不是什麼壞事，但過了頭，就屬於鑽牛角尖了，容易讓他們陷入失敗的境地。

不要讓孩子解決問題時陷入單一模式

在孩子遇到學習上、生活上的難題時，可以讓孩子嘗試著換個角度來思考、解決。條條大路通羅馬。這種方法不能解決的問題，換另一種方法說不定是件很容易的事，先不要自尋煩惱，天無絕人之路，方法一定能找到的。

注意孩子的「創新」之舉

現在的父母經常有意識的培養孩子的創新意識，這是社會的進步。但是千萬別把一切逆反的思維都當成是寶貝，一旦孩子形成反常的思維方式是很難糾正的。

開闊孩子的心胸

孩子種種的鑽牛角尖現象，其根源在於他們的心胸不夠開闊。擁有開闊的胸襟不但對學習是件好事，對於做人處世更是可貴的品格。

學而不用：只為讀書而讀書

模擬現場

朋友的孩子很能幹，小小年紀就能解決一些比較複雜的問題，還能主動幫大人做一些事情，動手能力很強。而我們的孩子雖然學業成績優秀，懂得東西也多，但讓他將學的東西用於實踐，或者讓他動手幫我們做一點事情，他就一下子不知所措了。我們該怎麼做呢？

讀書的最終目的是為了用，不能為讀書而讀書。

生活中有不少人也經常在讀書，甚至有些人讀的書還很多。但是，有些人能做到活學活用，有些人則讀了跟沒有讀差不多，甚至還帶來了害處。

從古到今，讀書人常常犯這樣一個錯誤：讀死書，死讀書，書讀死。

故事有一位孔乙己，就是這樣一個典型。

孔乙己深受封建思想和科舉制度的毒害，年輕時一心要在科舉考試中取得成功，誰料運氣實在不佳，直到垂垂老年時仍未能如願，自己反倒落了個貧窮潦倒，最後在飢寒交迫、羞辱無奈中死去。

孔乙己的經歷深刻的揭示了讀死書、死讀書、書讀死的悲劇。類似這樣的讀書人，無論是在歷史上還是在我們周圍都有許多。

五代時有一個書生，一生讀了很多書，並且背誦得滾瓜爛熟，人稱「兩腳書櫃」，但是不能活學活用，因而即使飽學終究也沒有用處，最終還是落魄一生。

在現實生活中也常常可以看見一些人，雖然愛讀書卻不能很好的利用，尤其是在商品經濟大潮席捲過來時，那些平時不注意接近現實、對書本之外的事知之甚少或全然不知的讀書人，幾乎要暈頭轉向，不知如何是好。

有些學生，學業成績很好，說其理論也頭頭是道，但卻拙於實際操作，不能將知識與實踐相結合，這樣的學生將來即使拿到博士文憑，也不見得能為社會創造什麼價值，不一定能為自己創造什麼幸福。

要想真正做到學以致用，你的孩子就必須找到造成自身不能學以致用的原因，並在實踐中努力克服。專家指出，造成學生不能學以致用的原因主要有這樣幾點：

一是一些學生常常輾轉於書本習題之間，只一味埋頭讀書而疏於與實際結合，只顧沉浸在書中所描繪的神奇世界而不願知道屋外都發生了什麼，久而久之便脫離了豐富火熱的實際生活，而像一隻蠶一樣把自己緊緊的包裹了起來。

二是一些學生太過驕傲，喜歡孤芳自賞、顧影自憐，而不願與更多的平常人接近。這樣做的結果往往是閉目塞聽，孤陋寡聞，自以為是。

三是一些學生往往熱衷口頭上的「指點江山」，卻不善動手，所謂理論上的巨人，行動上的矮子，就是說的這樣一種情況。

作為未來社會的接班人，要想在未來競爭激烈的社會贏得生存空間，就要把學以致用作為必須遵守的一條原則。

讓孩子注意利用媒介，關心時事

父母應該讓孩子在廣泛涉獵的同時，還要經常注意網路新聞、讀報、收看電視和收聽廣播新聞，養成關心時事的良好習慣。

讓孩子將閱讀與生活連繫在一起

父母應該讓孩子在讀書的同時注意思考，尤其要重視連繫實際問題，要注意讀那些現實性、指導性強的書籍，把書本與實際生活連繫起來。

適當的讓孩子接觸社會

父母不應該將孩子關在屋子裡，而是應該讓孩子經常走出書齋，同廣大的普通人接觸，了解他們的喜怒哀樂，掌握他們的思想動向，同他們打成一片。

讓孩子養成勤於動手的好習慣

父母要讓孩子在掌握理論的同時，注意養成經常動手的習慣，透過親自實踐來印證或修正、補充和完善理論，使理論知識化為實際工作效果。

謹防孩子死讀書、讀死書、書讀死

要讓孩子經常檢查、反省自己的讀書學習，是否緊扣實際需要，是否真正增加了知識，成長了見識，防止為讀書而讀書，以至出現死讀書、讀死書、書讀死的傾向。

第三章　智商決定成績——開發孩子智力因素

學而不思：用耳不用腦，缺乏獨立思考能力

模擬現場

蒸汽機的發明人瓦特在很小的時候就愛動腦筋思考問題。有一年他到鄉下的奶奶家做客，看見奶奶家火爐上的水開了，水壺蓋在冒著熱氣的水壺上跳動，他便抱來一個小凳子，坐在火爐邊看水壺蓋在熱氣騰騰的水壺上舞蹈。後來，順著這一現象展開思考，瓦特發明瞭蒸汽機。

十五歲的那一年，瓦特到父親的作坊裡去學習機械製造技術，在作坊裡瓦特謙

虛的向工人們學習，後來他的技術在作坊裡竟然無人可比。

思考是一種樂趣，是一種遊戲，是精神上的享受，是智慧的源泉。對於孩子來說，養成勤於思考的好習慣，將讓學習中遇到的難題變的輕而易舉，將讓成績突飛猛進，將讓自己擁有莫大的智慧。

成功學大師拿破崙·希爾說過這樣一段話：「思考能夠拯救一個人的命運。」事實正是如此，有思考力的人才會得到智慧，才會有所創造，才會掌握自己的命運。

來看一則小故事：

一個富翁得了重病，已經無藥可救，而唯一的獨生子此刻又遠在異鄉。他知道自己死期將近，但又害怕貪婪的僕人侵占財產，便立下了一份令人不解的遺囑：「我的兒子僅可從財產中先選擇一項，其餘的皆送給我的僕人。」富翁死後，僕人便歡歡喜喜的拿著遺囑去尋找主人的兒子。

富翁的兒子看完了遺囑，想了一想，就對僕人說：「我決定只選擇一樣東西，就是你。」聰明的兒子由此立刻得到了父親所有的財產。

故事中兒子無疑是聰明的、智慧的，而他的這種聰明就來自於他的思考——

「深思熟慮」！

沒有思考不會有智慧，善於思考才會有解決問題的方法，一切貌似難於解決的問題，在你的思考之後都會找出解決問題的辦法，世間無難事，只怕有心人。

思考對於孩子有著極其重要的意義。對於父母來說，要把握時機的從小培養孩子的勤於思考的好習慣。科學研究證明，孩子最易於養成這種習慣，許多偉大的成功人物其思維能力的造就，都跟他小時候勤於思考的習慣密不可分。

幫助孩子培養良好的思考習慣

父母首先要培養孩子有愛動腦筋，獨立思考的習慣。在學習過程中，要努力培養孩子愛動腦筋的好習慣，預習、聽課、複習、作業、考試的各個環節都要勤於思考、獨立思考，要多問幾個為什麼，多想幾個怎麼辦。做到不依賴、不等待、不偷懶、不斷增強好奇心，增加求知慾，增強獨立性。

再者要讓孩子有勇於提問、大膽質疑的習慣。課前、課後都要敢於並善於提出各種各樣的問題，不斷的解疑，並學會於無疑處生疑。疑是思之始、進之由；疑就是矛盾、就是問題。疑孕育著創造。

最後還要培養孩子有一邊聽講、閱讀、練習，一邊思考的習慣。有的孩子不會把「聽、看、做」與「想」緊密的聯繫起來，從而影響了思維能力的發展。所以，父母要注意陪養孩子一邊聽講一邊思考，一邊閱讀一邊思考，一邊練習一邊思考的良好習慣。

要培養孩子優良的思維素養

思維素養是思維能力的重要標誌，孩子在學習過程中應該有意識、有目的地培養自己優秀的思維素養，思維素養可概括成以下「八性」。

（一）思維的敏捷性。指的是能比較快的看出問題的本質，能抓住問題的關鍵，對突然出現的新問題、新情況能比較快並正確的判斷和決定。

（二）思維的廣闊性。指的是思路開闊，能從不同角度、不同方面，用多種方法、多種途徑全面的思考問題和解決問題。

（三）思維的深刻性。指的是善於鑽研問題，善於從複雜的表面現象中，發現最本質、最核心的問題。

（四）思維的獨立性。指的是能獨立的思考問題，獨立的尋求解決問題的答案。勇於獨立判斷，有自己的見解。

（五）思維的邏輯性。指的是思考問題時，能注重它的邏輯性和連貫性，指出的問題明確、不含糊，有理有據，解決問題思路有條不紊、井然有序。

（六）思維的靈活性。指的是打破陳規，按不同的時間、地點和條件，不斷的調整思維的方法，能靈活的運用一般原則與原理分析問題、解決問題。

（七）思維的批判性。指的是善於根據客觀事實和情況，冷靜的思考問題和分析問題，能明辨是非，不人云亦云。

（八）思維的創造性。指的是敢於標新立異，不苟同於傳統的或一般的答案和方法，善於發現新事物，提出新見解，解決新問題。

重視孩子對各種思維形式的發展與訓練

（一）既要發展抽象思維，又要發展形象思維。抽象思維是對事物間接的概括的認識，它用抽象的方式進行概括，並且用抽象的資料（概念、理論等）進行思維。形象思維則主要用典型的方式進行概括，並且用形象資料來思維。如解數學應用題，利用圖示法分析題意幫助解題效果很好。三算（心算、珠算、筆算）結合之所以取得較好的學習效果，就是由於借助珠算的形象思維。

（二）既要訓練正向思維和集中思維，也要訓練逆向思考和發散思維。正向思維是「由因尋果」，正面進攻；逆向思維是「由果溯因」，反面出擊；集中思維是由「四周向一點」集中；發散思維是由「一點向四周」輻射。學習過程一般比較注意正向思維和集中思維的訓練，較忽視逆向思維和發散思維的訓練。實踐告訴我們，重視逆向思維（如逆用公式、法則、定理）和發散思維（如「一題多解」、「一事多寫」）的訓練，對培養和發展思維能力是非常必要的。

掌握一些基本的思維方法

（一）分析與綜合。分析與綜合是最基本的思維方法，它是抽象、概括、比較、分類、系統化和具體化等思維方法的基礎。

分析是對研究的對象進行分解、剖析，以達到認識對象的各個部分（或各個方面）在對象整體中的性質、作用的思維方法。

綜合是將研究對象的各個部分（或各個方面）有機的結合，以達到認識對象整體性質的思維方法。

分析與綜合是彼此相反又互相緊密聯繫的思維過程。分析以綜合為目的，綜合又以分析為基礎，它們互相作用而又互相制約。事實上它們是無法分割的，總是交織在一起的。

(二) 抽象與概括。抽象是從複雜的事物中，單純的抽取某種特性加以認識的思維方法，它是使感性認識上升到理性認識的重要方法。

概括是把抽象出來的若干事物的共同屬性歸結出來進行考察的思維方法，即從個別到一般的思維方法。

抽象與概括是不可分割的統一過程。在進行概括時，總要略去個別事物的某些特性，否則就不能突出事物的共同性質。因此，抽象是概括的前提和基礎，沒有抽象就無從概括；另一方面，概括又是抽象的目的，沒有概括，抽象也就失去了意義。

(三) 比較與分類。比較是確定有關事物的共同點和不同點的思維方法。比較的過程是先對有關事物進行分析，區分每個事物各方面的特徵，再將有關事物按其特徵進行對比，得出哪些方面具有共同性，哪些方面又有區別性，從而鑒別這些事物間的異同。

比較是概括的基礎，透過抽象得出的屬性是在比較以後才能認識其共性與個性的。

分類也是以比較為基礎的，按照事物間性質的異同，將相同性質的對象歸入一類，不同性質的對象歸入不同類別的思維方法。每一次分類都應按照同一標準進行，所取的標準應服從於研究的目的或觀察問題的角度。分類的目的在於使知識組成條理，並進而系統化，促進認知結構的發展。

（四）聯想與猜想。聯想是聯繫已有的知識和經驗，由一個事物想到與其相關聯的另一個事物的思維過程，是一種由此及彼的思維方法。聯想的關鍵在於認識事物間的聯繫，它是在分析、綜合、比較中展開的。聯想是有規律可循的。聯想又分接近性聯想、因果性聯想、相似性聯想、對比性聯想等。

猜想是對研究對象或問題進行觀察、實驗、分析、類比、歸納等，依據已有的資料和知識做出符合一定經驗與事實的推測性想像的思維方法。猜想不是「胡思亂想」，它是一種合情合理的推理，屬於綜合程度較高的帶有一定直覺性的高級認識過程。猜想又分類比性猜想、歸納性猜想、探索性猜想等。

閱讀能力差：文字冷漠，逃避閱讀

模擬現場

陽陽的數學成績不錯，可是國語卻不行，父母為了提高他的國語成績，給他買了大量的兒童文學讀物，可是卻並沒有多大的幫助。後來，在老師的配合下，父母才發現，原來，陽陽的閱讀能力薄弱，平時在上國語課時，儘管老師已經講解得很通俗易懂，可是他就是聽不懂。而且，陽陽平時對文字也比較冷漠，別的孩子在讀到好的兒童作品時，往往非常興奮，可陽陽卻無動於衷。爸爸媽媽買一套《哈利波特》系列，自從買回來就一直在書櫃裡放著，陽陽根本沒什麼看。

孩子對文字的冷漠態度就像一種隱形的液體，正慢慢滲透到孩子的學習過程中。當逃避閱讀成為孩子的一種習慣，孩子的閱讀能力便會無可救藥的退化，從而直接影響他們的學習和成長。

作家趙麗宏在其散文《永遠不要做野蠻人》中滿懷憂慮的寫道：「我曾經擔心，現在的中學生課外閱讀的範圍越來越窄，能用於課外閱讀的時間也越來越少，很多人已經喪失了閱讀文學名著的興趣和欲望，而其他與課程和考試無關的書，他們更是難有機會涉獵。這是一個令人擔憂，也多少使人感到悲哀的現象。」事實上，在網路文化氾濫的情況下長大的孩子，不但閱讀時間和閱讀範圍日益減少，而且他們的閱讀興趣也隨著「讀圖時代」的到來而削弱，許多孩子甚至養成了排斥文字的壞習慣。他們的課餘時間被影音、電腦遊戲、手機遊戲、動漫占據著，文字在他們的閱讀中只是一種小點綴。

對文字冷漠的不只是孩子，大人也同樣如此，高速發展的網路文化已經使他們離書本越來越遠。據蓋洛普調查顯示：二〇〇六年只有百分之五的美國人每週閱讀一本或以上的書。百分之五十九的被採訪者聲稱，他們讀書是偶爾發生的事情。完全沒有閱讀文字習慣的人，在過去二十年中猛增了幾倍。美國生物倫理學家佩萊格理尼針對這一現象解釋說：「電腦加上電影、網路和電視等其他非文字主流傳媒，使人們無須閱讀便能吸取大量資訊，是它們加快了人們閱讀技能的萎縮速度。」

而大人對文學的疏離和冷漠也必然會影響到孩子。

報社刊登一篇題目為〈網路與影視橫行的年代，你冷淡了文字嗎？〉的文章中提到：「只要留心人們就會發現，如今兩三歲的孩子簡直都是『古怪精靈』，一張小嘴表達能力特強。教育學家認為，這是電視大量資訊對兒童刺激的結果，電視使他們的語言能力得到開發。但奇怪的是，這些孩子長到十幾歲時卻大多歸於平庸，讀寫能力尤差，比如前段時間傳出的某次考試，有學生面對考題無話可寫，竟引用《大話西遊》裡的臺詞！教育學家認為，清晰表達思想的能力，必須透過大量的閱讀才能獲得，而電視無法培養人們的這種能力。在與電視『依存』的日子裡，人們養成了一種遠離書籍的壞習慣，就像與一位朋友在一起待久了，他的壞毛病會沾染你一樣。」

「關掉電視，去閱讀偉大的著作，它會開啟你的智慧之門。」

這是美國作家理查的真誠勸告。種種跡象表明，電視是讓孩子們冷落文字的罪魁。據一些美國學者的調查顯示，如今一個二十歲左右的人，至少已經花了兩萬小時看電視。可見，電視已經瘋狂掠奪了孩子寶貴的閱讀時間。電視總是扮演著這樣一種角色：企圖主宰人們的思想，人們有意無意就被它牽著鼻子走。它雖然給了人們感官上的愉悅，卻無情的消耗了人們寶貴的時間。

和孩子一起閱讀，讓孩子養成閱讀文字的好習慣

英國文學史上頗具傳奇色彩的布蘭德三姐妹，她們之所以能寫出蜚聲世界的經典文學巨著，這與她們小時候的閱讀習慣密不可分。她們的父母經常陪她們閱讀，消閒漫長的冬夜，她們圍坐在熊熊的爐火前，共同閱讀優美、抒情的文字。春暖花開的時候，她們常常聚集在野外，朗誦自己或別人的詩作。文學的種子自此就深埋在她們的心底。這正是她們能寫出《簡愛》和《咆哮山莊》的源泉。

讓孩子們在閱讀文字的過程中感受到文字的非凡魅力

網路雖然模糊了時空的疆界，讓我們的生活更加迅速和便捷，但是對文字的疏遠，必然會讓我們失去欣賞文字所蘊藏著的深沉魅力的機會。電子產品和書籍的最大不同在於：電子閱讀物缺少了一種富有質感的觸摸感，只有紙製閱讀物獨具一種令人備感踏實的親和力。當你靜心閱讀，以平和的心態在字裡行間徜徉，你就能發現你已經不知不覺走進了一片迷人的宮殿，那裡面的奇幻，會令你流連忘返。

和孩子一起制定閱讀計畫，指導孩子閱讀經典

孩子的閱讀習慣應從識字開始，隨著孩子識字能力的增加，父母就需要有意識的指導孩子閱讀。在全面了解孩子的閱讀興趣的基礎上，和孩子一起制定閱讀計畫。古今的文學經典，自然是孩子閱讀的首選。讓孩子們的心靈與大師們交流、碰撞，讓他們深切的感受到文字裡所蘊藏著的瑰寶。

讓孩子掌握高效的閱讀方法，有選擇性的閱讀

光有讀書的欲望，恐怕還不行，還有一個怎樣讀書的問題。作為一個讀者，你的孩子不應該是一個簡單的接受者，而應該是一個思想者，是一個參與者。讀書的過程，是欣賞和接受的過程，也是思考和感悟的過程。如果能經常用自己的語言記錄讀書的感想，那將是一件極有意義的事情。當然，讀書的過程，也可能是排斥的過程，因為，並不是所有的書都是有趣的。

寫作能力差：想得出來，寫不出來

模擬現場

有位父親在陽臺上發現一個蜘蛛正在結網，便抓住這個難得的機會讓孩子來觀察，一邊看一邊講網的結構，網和蜘蛛的關係，蜘蛛是個精工巧匠……孩子聽得津津有味，看得認真仔細，興致很高，還不時提出問題。這不僅增長了知識，累積了素材，也學習了怎樣觀察事物。

又有一次，他的孩子買饅頭回來很得意，因為這是孩子第一次獨立完成的購物任務。於是，這位父親抓住孩子的這個興頭。引導孩子回憶了買饅頭的全過程的某些細節，並引導讓孩子把它記在了筆記本上。

寫作能力是孩子未來成功所需要的最重要的技巧之一，也是影響孩子成績的重要因素之一，這裡的影響不僅是指對語文成績的影響，也包括其他科目，畢竟，無論那一個科目，在做題都需要書面表達。所以，父母要抓住一切時機，引導孩子觀察生活、捕捉寫作素材。生活中的寫作素材是非常豐富的，隨時隨地俯拾即是。

當代著名文學家、教育家葉聖陶有三個孩子，一個叫至善，一個叫至美，最小的叫至誠，都小有名氣。說起葉老對孩子的寫作訓練，對父母們很有啟示。

一天，吃完晚餐，碗筷收拾好了，植物油燈移到了桌子中央。葉聖陶戴上老花眼鏡，坐下來開始給孩子改文章。至善、至美和至誠兄妹三人，各居桌子的一邊，眼睛盯住父親手裡的筆尖，你一句，我一句，互相批評、爭辯。父親並不責怪他們，說是改文章，實際上是和孩子們商量著共同措辭，鍛鍊思考。

葉聖陶給孩子改文章不像老師那樣在文章上畫畫改改，而是邊看邊問：這裡多了些什麼，少了些什麼，能不能換一個比較恰當的詞？把詞調動一下，把句子改變一下，是不是好一些？……遇到他不明白的地方，還要問孩子：原本是怎樣想的，究竟想清楚了沒有？為什麼表達不出來？怎樣才能把要說的意思說明白？有時候，至善、至美他們讓父親指出了可笑的謬誤。孩子們就盡情的笑起來。每改完一段，父親就朗誦一遍，看語氣是否順利，孩子們也就跟著父親默誦。

父親的訓練是嚴格的，但又是生動活潑的，三個孩子不覺得枯燥、乏味，十分喜歡父親這樣的訓練。葉聖陶從來不出題目，硬逼著讓孩子們去寫。不過父親有個要求，即使是練習，也應該寫自己的話，表達自己的真情實感。孩子們照父親的主張去做，覺得可寫的東西確實很多，用不著瞎編，也用不著硬套，寫出來的東西不會雷同，多少還有點新意。父親看了孩子們的習作，總是很喜歡，鼓勵他們繼續寫作。

父親循循善誘的教育方式，使孩子們興趣盎然，自然進步很快。兄妹三人很小的時候，他們的文章就得到朱自清、宋雲彬的好評，出版社還出版了他們的習作《花尊》和《三葉》，宋雲彬和朱自清分別為兩本集子寫了序。

美國一家普通的幼兒園。剛剛入園的孩子被老師帶進幼兒園圖書館。然後，老師讓孩子們很隨便的坐在地毯上，接受他們的人生第一課。老師微笑著走過來，她的背後是滿架滿架的圖書。「孩子們，我來給你們講個故事好不好？」「好！」孩子們答道。於是老師從書架上抽下一本書，講一個很淺顯的童話。「孩子們，」老師講完故事後說：「這個故事就寫在這本書中，這本書是一個作家寫的。你們長大了，也一樣能寫這樣的書。」老師停頓了一下，接著問：「哪一位小朋友也能來給大家講一個故事？」一位小朋友立即站起來，說：「我有一個爸爸，還有一個媽媽，還有我……」幼稚的童聲在廳中迴盪。然而，教師卻用一張非常好的紙，很認真、很工整地把這個語無倫次的故事記錄了下來。「下面」，老師說：「哪位小朋友來給這個故事配個插圖呢？」又一位小朋友站了起來，畫一個「爸爸」，畫一個「媽媽」，再畫一個「我」，當然畫得很不像樣子。但老師同樣很認真的把它接過來，附在那一頁故事的後面，然後取出一張精美的封皮紙，把它們裝訂在一起。封面上，寫上作者的姓名，插圖者的姓名，「出版」的年、月、日。老師把這本「書」高高的舉起來：「孩子，瞧，這是你寫的第一本書。孩子們，寫書並不難，你們還小，所以只能寫這種小書；但是你們長大了，你們就能寫大書，就能成為偉大的人物。」人生第一課結束了，在不知不覺之中。孩子受到了某種「灌輸」。

事實上，寫作能力的培養並沒有多麼難，只要你用心的去教導，孩子用心的去學習，那麼，寫一手好文章就是遲早的事情。

幫助孩子找到自己的語言

範文是用來教孩子寫作和表達的最佳事物。父母在讓孩子閱讀範文時，應該告訴孩子範文之所以感人，或者有說服力，絕不是因為它是範文，被印成了鉛字，而是因為它流露了真實的情感、思想、描寫了真實的生活。要告訴孩子他自己也有許多東西可以寫出來，只要是真實的，就是美的，別人願意聽的、看的。本來，選取一些文辭優美、內容感人的範文讓孩子閱讀，只是為了讓孩子受到一些言語的薰陶、思想的教益，但孩子面對範文時，就好像非得要寫出像範文一樣的文章。孩子變成了所模仿的對象。忘記了自己的語言的人是痛苦的，被迫用別人的語氣。思路去說話也是痛苦的。正如走路一樣，如果一個人一直認為自己走路的姿勢不好看，總去模仿另一個人走路的樣子，他最後可能連路都不會走了。

寫作僅僅是把回憶和想像變成文字

有寫作障礙的孩子往往不習慣把記憶轉變成文字，也不習慣把看見的和想到的事物變成文字，總認為寫作文是一件複雜的事情。父母可以告訴孩子：試試快樂寫作的方法，假設你很想把我們屋後的花園告訴給你最喜歡的朋友，並希望他看了以後到這裡來玩，你就不會困難了。另外，你已經熟悉我們的花園了，用不著像畫畫一樣照著寫，試試用你的回憶。

不要讓語言潛能妨礙孩子寫作

總的來說，具有語言潛能的孩子在口頭表達上總是表現得很出色，他們善於學習和模仿新的詞彙，很小就對成人的語言環境有天生的敏感。父母們常常會驚奇他們在很小的時候就會使用各種詞彙，各種句式的連接也是那樣的恰當、準確，各種修辭使用也恰到好處，在辯論中總是占有優勢。本來，這種孩子已經有很好的語言潛能，完全可以在寫作上發展。但奇怪的是，他們往往寫不好作文（當然，也有的寫得很好）。原因是什麼呢？其實就是語言的天賦阻礙了真實的表達。

與此相反，在某個時期的語言表達上顯得笨拙、力不從心的孩子，反而能寫出好的作品，因為他們比前者更珍惜語言，更懂得去傾聽內心和外部世界真實的聲音。

父母在教育孩子如何寫作的時候，對於語言潛能好，能言善辯的孩子要提醒他，語言本身的力量絕不會超過真實的思想、感情和真相。同樣，語言如果離開了真實的生活和感情，它只會變得華麗卻虛弱。真理是樸實的，但每個人都願意傾聽。

幫助孩子把寫作變成他自己的事

寫作是一項作業、任務、要求，還是一件自己願意做、想做的事？這是每一個孩子和他們的父母、老師都面臨的一個問題。儘管每個孩子都在按老師給的題目或者父母的要求寫作文，但這並不能證明什麼。在根本上，寫作還是孩子自己的事。

也只有把寫作變成孩子自己的事，才能真正培養孩子的優秀寫作能力。

不敢質疑和提問：說不出口的「為什麼」

模擬現場

某小學三年級語文課上，老師正在講王之渙的《登鸛雀樓》。「白日依山盡，黃河入海流……」

一個學生舉手問道：「老師，太陽下山時，都是紅紅的，可這首詩為什麼寫『白日依山盡』呀？應該是『紅日依山盡』呀？」老師看了看教科書，張口結舌，不知所措。突然，老師瞪圓了眼睛對著學生吼道：「搗什麼亂？王之渙不如你，怎麼沒見你的詩歌選入課本呀！」教室裡一陣哄堂大笑，這個學生紅著臉，低著頭坐下了。以後，他再也不敢向老師提出問題了。而全班同學見此情景也都明白了一個道理，那就是對老師講授的東西不能有半點懷疑。

能夠質疑或有新的想法，表明孩子用了心思，進行了認真思考。北宋學者程頤說過：「學者先要會疑。」意思是說，學習首先要會提出疑問。不管孩子提出的問題多麼天真，我們都應該報以鼓勵的態度，保護孩子的這種用心思考的精神，提高孩子的學習興趣和學習的自覺性，而不是斥責孩子，打擊他們的積極性。

對於現在的大部分父母來說，孩子不問問題已經是司空見慣、見怪不怪的事了。據調查，有些十五歲孩子覺得：「不知道該問什麼。」或者是「該會的我都會了。」對於這個現象，父母們雖然心裡覺得孩子不問問題是不太好，但又覺得只要把老師講的記住了，考試時能考個好成績，不問問題也罷，反正又不會有什麼損失。

然而，事實真的是這樣的嗎？

問題一：孩子不問問題，只要把老師講的記住了，考試時就真能考個好成績嗎？

只要你留意一下，你就不難發現，學習好的學生，都是問問題多的學生！為什麼呢？原因很簡單：「主動接受」比「被動接受」的效果要好得多。因為前者順著問題又更進了一步，了解得多了，對問題本身的理解就會深入得多。雖然都是「接受」，但前者因為問了問題，獲得了更多、更深入的知識，所以，無論是記憶的程度，還是在對問題的理解程度上，後者總是不如前者。所以，從考試的分數上來看，不問問題的孩子的分數即使有時比較高，那也是偶然的、經不起時間的考驗。從整體來看，還是問問題的孩子的分數高，不問問題的孩子即使把老師講的記住了，那也是暫時的，而且有可能是片面的。

比如：問題二：孩子不問問題，行嗎？

假設一下，如果我們都不問問題，那麼社會如何往前發展呢？哪一項偉大的發明或發現，不是因為我們先祖不斷的研究「為什麼」？如果沒有蔡倫問：「為什麼不能用廉價、輕便的東西代替絲綢或竹簡來寫字呢？」這個問題，我們今天能憑藉這雪白的紙，一起來探討如何教育孩子的問題嗎？如果人類的智慧只是局限在當時的用絲綢或竹簡來寫字，知識不能夠得到最大限度的傳播與交流，那麼會有我們科技的無限發展嗎？

或許你又要說，他們都是科學家，當然要問為什麼了！我的孩子又不是！難道他們天生就是科學家嗎？當然不是！透過各種傳記我們不難發現，在這些大科學家、大學問家的身上，無不有著相同的一點，那就是：遇到自己不明白的，都要問個為什麼，直到把問題搞明白，就是這探詢的過程，往往促進了偉大的發現或偉大的發明。偉人和凡人的區別其實很簡單，那就看你是否會問問題！

所以孩子不問問題，基本上就可以斷定：你的孩子與「偉人」無緣，不會在人類文明的大廈上加磚添瓦！

有可能你對別人的「天才教育」、「神童教育」無動於衷，因為你對孩子的要求並不高，只是想讓他做一個平凡的人，所以就無須去問為什麼了。其實，這個想法沒有理解這其中的意思，我們不可能都成為「偉人」，但我們同樣應該擁有優秀的品格，因為如果沒有這一個品格的話，連一個凡人都有可能做不好！

問題三：孩子不問問題，該怎麼辦呢？

對於孩子「不問問題」這個問題，有的父母把其原因歸結為「孩子性格內向」，其實這是片面的看法，人的性格固然有「內向」和「外向」之分，但無論是「內向」還是「外向」，他都有問個「為什麼」的「自然動力」，因為這是孩子的天性。所以孩子的起點是一樣的，任何藉口都只是強詞奪理！

那麼，為什麼會出現「不問問題」的孩子和「問問題」的孩子呢？問題出在孩子的嬰幼兒時期！

國外曾進行的一項調查顯示：在設定的孩子「拆裝鬧鐘」的具體情境中，高達百分之四十一的父母會對孩子訓斥、警告。對孩子的提問，百分之五十三的父母會不耐煩、不屑於回答或敷衍。那麼你呢？你是否對於孩子那莫名其妙、無法回答、沒有答案的問題，表現出上面的情況呢？如果有，在一次又一次的「不耐煩、不屑於回答或敷衍」中，你的孩子還會再去問問題嗎？結果是很顯然的，所以，提高認識，防微杜漸，不要在孩子已經成型之後再去買「後悔藥」，而是應該善待孩子的好奇心、提出的問題，盡自己的可能去回答孩子的提問，根據孩子不同的年齡和認識事物的不同程度，來告訴他不同的答案。千萬不要認為自己回答不上來孩子的問題，就是對父母權威的挑戰，遇到這樣的情況，你所要做的，是放下父母的架子，和孩子一起去研究問題。

比如：你的孩子問了一個和當年牛頓問的同樣的問題：「為什麼蘋果從樹上掉下來，會落到地面，而不是飛到天上去？」你會怎麼回答呢？是說：「你怎麼那麼多問題？」還是說：「這個問題牛頓早就研究出來了，原因是地球的引力作用，這個規律叫『牛頓萬有引力定律』。」如果你是這麼回答，那你的孩子的好奇心還是不能完全滿足，因為他理解不了。

這時，你就應該想一想，怎麼解釋，孩子才會明白呢？這當然應該從實際出發，而不是套用別人的模式。比如：如果你的孩子比較小，還不知道什麼是「吸引力」的時候，你可以找一起磁鐵，讓孩子看一看，把一個小鐵釘靠近磁鐵，小鐵釘往哪裡跑呢？地球就好比是磁鐵，而蘋果就好比是小鐵釘，小鐵釘跑到磁鐵上去，蘋果當然要跑到地球上來了。至於這是什麼原理，等到孩子明白什麼是磁鐵的「引力」時，再跟他解釋。

另外，千萬不要認為自己「忙」或「煩」，就忽視或粗暴的對待孩子的提問，將孩子的前途和命運視同兒戲，錯過培養孩子的大好機會，要知道，你的孩子有可能就是牛頓、愛迪生、蔡倫、賈伯斯！

說到這裡，多數父母或許會說：「我已經錯過培養孩子的大好機會，到那裡去買『後悔藥』呢？」「後悔藥」當然是沒有的，但也並不是說無藥可救了，只要努力，局面還是可以挽回的。

孩子之所以不問問題，一是因為好奇心沒有得到滿足，二是因為思維惰性。所以，如果要補救，先要讓孩子對「問問題」的重要性有足夠的認識，然後，鼓勵孩子大膽的去問，去想，去探究。在孩子試著這樣做之後，要及時的鼓勵，當然，也要切合實際，切莫走向極端。

事實上，能夠提出疑問是創新思維的源泉。對於一切總是不經思考就繼承，把自己的大腦作為裝知識的簍子，這樣的孩子是永遠無法真正的進行學習的，其學業成績也很難得到有效的提升。

營造氛圍，讓孩子勇於提問

父母和孩子角色平等，要變學習輔導的單向灌輸為雙向互動，允許孩子「出錯」。父母對於孩子提出的問題，哪怕是自己看來非常幼稚的問題，也需要採用語言的激勵、手勢的肯定、無聲的默許等方法，給予充分的肯定和讚賞。

拓展管道讓孩子提問

當孩子還未養成提問的習慣或者所學知識較難時，可以和孩子進行討論，然後由孩子提出問題。另外，父母也可以設計好問題，引導孩子模仿提問。

精心組織，讓孩子善問

為了提高孩子學以致用的能力，父母尤其要引導孩子把學到的知識應用於現實生活中，讓他們在解決新問題時再提出實際問題，為孩子的創新思維提供豐富的問題和條件。

把提問的權利還給孩子

在家庭教育中，特別是學習輔導時，父母應在孩子力所能及的範圍內，讓孩子多動、多說、多看、多問、多表現、多思考，讓他們自己「跳起來摘果子」。盡量多給孩子一點思考的時間和活動的餘地，把提問的權利還給孩子。

不懂得觀察：學到的和看到的有什麼關係

模擬現場

兩千多年前，有位青年仰慕亞里斯多德的大名，不遠萬里來向這位大哲學家求教。亞里斯多德問明來意後，信手給他一條魚，叫他看。這位青年一怔，心想：魚天天吃，有什麼好看的？於是就漫不經心的看了一下，一無所獲。後來，亞里斯多德啟發他：要有目的地系統的仔細觀察。終於，「魚沒有眼皮」被這位青年發現了。

觀察是有一定目的、有選擇、有組織的去感覺和知覺。全面、正確、深入、細緻的觀察事物的能力稱為觀察力。大約從兩歲起，孩子就開始具備初步的觀察力。隨著年齡的增長和知識的增加，這種能力逐步提高。注意培養觀察力是發展兒童智力的一個重要方面，這對於兒童認識事物的特徵，找出事物間的聯繫與規律，對於提高表達能力和學習能力都有重要意義。同樣一幅描繪春天景色的圖畫，有的孩子觀察得很細緻，不但能寫出圖畫上有哪些人物和景物，而且能描述出人物的神態和景物的特徵，並把人物與景物聯繫以及自己的心情融為一體。這說明這個孩子觀察力是比較強的。

觀察能力是從事任何一種事業都必須具備的能力。許多人成為科學家、文學家，都和他們非凡的觀察力分不開。一個人如能勤於觀察、善於觀察，就會隨時發現問題，得到意想不到的收穫。巴夫洛夫把「觀察、觀察、再觀察」作為座右銘，並告誡學生：「不學會觀察，你就永遠當不了科學家。」

觀察是孩子認識事物的重要途徑，是智力活動的基礎，是完成學習任務的必備能力。沒有敏銳的觀察力，就談不上聰明，更談不上成才。

所以，父母應該給孩子一雙善於觀察的眼睛，用它觀察自然，觀察社會，觀察人生。

如果孩子擁有了出眾的觀察能力，不僅能有效的提高學業成績，對孩子的將來也有巨大的積極影響。牛頓小時候是公認的「笨孩子」，似乎一無是處，但是他透過細心的觀察，成了最偉大的科學家之一。

牛頓在孩提時代，對各種事物都喜歡仔細觀察，而且都力圖透過現象看本質，把不懂的地方徹底弄明白。夜晚，牛頓仰望天空神往那眨著眼睛的大大小小的星星，心裡想，這星星月亮為什麼能掛在天空上呢？星星、月亮都在天空轉動著，那它們為什麼不相撞呢？刮大風了，狂風旋捲著沙石，人們都躲進了屋子裡。牛頓卻衝出屋子，獨自在街上行走，一會隨風前進，一會逆風行走。他要實地觀察順風與逆風的速度差，到底有著何種本質的差別。

如果孩子能像牛頓那樣，對他的學習和生活是很有幫助的。比如：有的孩子寫作文「我的媽媽」，他不僅注意到了媽媽的音容笑貌、言談舉止這些現象，還能透過這些現象發掘出媽媽的內心世界。有的孩子觀察大自然的景色，不僅注意到花草樹木、氣溫雲彩以及鳥類的活動、土壤的變化，還能從這些變化中找出哪些景色是春天到來的象徵，哪些景色是寒冬來臨的預兆……

培養並保護孩子的觀察興趣

父母要想更好的培養孩子的觀察興趣，開始選擇觀察對象時，最好是色彩鮮豔或活動的物體，孩子觀察起來有興趣，注意力比較集中，獲得的印象深，觀察的效果就比較好。另外，父母應該保護孩子觀察的興趣。

大人在洗衣、做飯的時候，孩子會感興趣的在一旁觀看，問這問那。父母千萬不能不耐煩，要有意識的給孩子講一些有關的知識。時間長了，孩子的眼睛就會變得敏銳起來，不僅能提高觀察能力，同時也會使孩子心靈手巧，越來越聰明。

引導孩子觀察周圍的事物

生活中處處都有觀察的對象。在家裡，可以找些色彩鮮豔的東西，教孩子區分、辨別各種顏色；在街上，可以教孩子區別各種類型和品牌的車輛；在公園，可以指導孩子觀察花草樹木和各種有趣的動物；在商場，可以讓孩子觀察櫃檯裡琳瑯滿目的商品，並幫孩子識別一些簡單商品的形狀、特點等。如果有條件，最好帶孩子到農村看看田野裡的自然景觀，這樣，不僅提高了孩子的觀察能力，也讓孩子開闊了眼界。

讓孩子明確觀察目的

孩子對觀察對象的了解會直接影響觀察的效果。觀察目的越明確，孩子的注意力就越集中，觀察也就越細緻、越深入，觀察的效果也就越好。孩子在觀察中，有無明確的觀察目的，得到的觀察結果是不相同的。比如：父母帶孩子去公園，漫無目的地東張西望，轉了半天，回到家裡，也說不清看到的事物。如果要求孩子去觀察公園裡的小鳥，那麼，孩子一定會仔細的說出小鳥的形狀，羽毛的顏色，眼睛的大小，聲音的高低等。這樣孩子就能有目的地去觀察，從中獲得更多的觀察收穫。

讓孩子注意細節，加強差異辨析訓練

英國有一位醫學教師，為了培養學生的觀察力，就用手指去蘸糖尿病人的尿，並用舌頭去品嘗，然後叫學生們都照著做。男女學生們勉勉強強的、愁眉苦臉的照樣做了，並一致報告尿有甜味。這時教師笑著問：「我這樣要求你們，目的是什麼？」學生們答：「為了讓我們知道糖尿病人的尿是甜的。」老師說：「不對，我這樣要求你們，是為了讓你們懂得觀察細節的重要性，如果你們看得仔細的話，應當看見我伸進尿裡的是中指，舔的卻是食指。」

擴展孩子的見識

觀察力的高低與孩子視野是否開闊有關。孤陋寡聞的孩子，缺少實踐的機會，觀察力必然受到影響。看到同樣一種現象，有的孩子能說出許多，有的孩子卻說不上幾句，這是什麼道理呢？這與孩子知識學習的情況有關。知識學得紮實，道理融會貫通，觀察問題就比較深刻。可以說，觀察力基於知識與經驗，而知識與經驗的豐富與提高又會反過來促進孩子觀察力的發展。

教孩子在實踐中觀察

實踐是認識的基礎，觀察的興趣也是在實踐活動中形成和發展起來的。比如：孩子透過養蠶，可以觀察到蠶如何睡眠、脫皮，怎樣吐絲、結繭、變蛹，又怎樣從蠶蛹變成蠶蛾等過程。

教孩子觀察技巧

孩子在觀察事物時，注意力往往不集中，造成觀察事物不仔細、不全面、不準確。因此父母應指導孩子依合理的順序去觀察，即告訴孩子從哪幾方面看，先看什麼，後看什麼。比如要從頭到尾、從上到下、從近到遠、由表及裡等。

觀察要注意點面結合

培養孩子的觀察能力，要逐步讓孩子學會觀察場面的全貌同觀察場面的重點活動結合起來。既要觀察到整個場面的情景氣氛，又要觀察到人物的具體活動的細節。對於年齡小的孩子，開始可以先從小的場面觀察起，從自己比較熟悉的場面觀察起。比如：過節時家裡做飯的場面，買東西的場面或放學時的場面，做衛生值日的場面等。

讓孩子用多種感官參與觀察

在觀察中，只要條件允許並保證安全，不僅要讓孩子用眼看，還應鼓勵他們用耳聽、用手摸、用鼻子聞、用嘴嘗，讓孩子把他觀察的過程和結果講述出來。讓孩子用多種感覺器官參與觀察活動，會增強觀察的效果，較快的提高觀察能力並能發展孩子的智力。

督促孩子寫觀察日記

在教孩子學會觀察的同時，父母還應鼓勵孩子記觀察日記。每次觀察都記下來，天長日久，不僅培養了孩子的觀察能力，也提高了孩子的寫作能力。

不善累積．總想一蹴而就

模擬現場

小華是一個很喜歡學習的孩子，也很熱愛閱讀，可就是不善於累積。不管是看過的，還是學過的，只是在看和學時很用心，過後就不再當一回事，即使會思考，也往往是淺嘗即止。父母發現小華的這個毛病後，對小華提出了批評。可小華卻滿不在乎，還說：我這麼聰明，什麼東西一聽就明白了，根本用不著累積。小華的父母為此大傷腦筋。

《荀子．勸學》中有這樣一段關於學習的名言：不積跬步，無以致千里；不積小流，無以成江海。的確，學習從來就不是一蹴而就的事情，父母要想提高孩子的學業成績，就不能讓孩子急於求成，一定要能培養孩子善於累積的好習慣，讓他們知道學習絕不能臨時抱佛腳。

這是烏龜和兔子的另一場比賽。他們都決定要經商，並且都選擇了釀酒業，看誰釀的酒好，誰賣的錢多。

兔子的動作很快，一天過去後，兔子已經開始喝自己釀出來的酒了。看到烏龜還在慢吞吞的釀酒，兔子一邊嘲笑烏龜，一邊將自己釀出來的酒拿到集市上去賣。

但是，兔子的酒味道又酸又澀，一壇也賣不出去，沮喪到極點的兔子只好垂頭喪氣的回到家中。而此時，烏龜的酒剛剛釀好，酒香撲鼻，還沒有等到烏龜把自己的酒拿到集市上，就已經被那些聞香而至的客人搶購一空了。

這個寓言告訴我們，釀酒與跑步不同，它是為了盈利，一定要注意品質，要一步一步來，其實學習也是一樣，其關鍵就在於平時點點滴滴，一步一腳印的慢慢累積。

舉個例子來說吧，有很多孩子在寫作文時喜歡引用一些經典詩詞，名人名言，以此來增加文章的說服力和生動性。孰不知，結果往往適得其反，不是添字漏字，就是畫蛇添足，鬧出笑話。這是為什麼呢？其實原因就在於這種博大精深的詞句語言包含著人類豐富深刻的智慧，容不得一點胡來，他需要的是孩子們帶著好奇的心去一點點學習，慢慢累積，這是我們教育者必須讓孩子領悟的。

關於累積的重要性，還有這樣一則笑話。說的是一個行路人，肚子餓極了，便買燒餅充飢。吃了一個不夠飽，又買一個，再買一個，這樣一連買了六個，吃後仍感不飽，又買了第七個燒餅只吃了一半便飽了。這時他很後悔，狠狠的打了自己幾個耳光，懊惱的自責說：「唉，我這個人是多麼愚蠢啊，前面吃的六個餅子都白白浪費了。早知道這半個燒餅就能吃飽，何必去買前面六個燒餅呢！」

這個故事的哲學意義是：量變是質變的前提和必要條件，質變則是量變的必然結果。

辯證唯物論告訴我們：事物的變化總是先從量變開始的。當量變的累積達到一定的程度時，才會引起質變。不懂得這一點，便會自覺或不自覺的重複「笨人吃餅」的笑話。

在教育過程中，總有些孩子喜歡投機取巧，平時不注意知識的累積，考試前夕，才加班，夜以繼日的「抱佛腳」，這實在是最自欺欺人的做法，如果你的孩子有這種愚蠢行為，你就一定要想辦法阻止。

學習就是如此，不積小流，難以成江河，在教育孩子時，父母一定要能將這一點滲透到孩子的腦子中去。

記憶的黃金時期是累積知識的最佳時期

兒童時代是記憶的高峰階段，是累積知識的最佳時期。父母可以教導孩子利用這一時期背誦一些著名的詩詞、格言，讓美麗的文字和語言在孩子的心裡多累積一些。

讓孩子吸收和消化累積的知識

父母應該多給孩子一些空間，讓他們領會累積的重要性，吸收和消化累積的知識，學會用累積的知識進行再創造，最終把累積的知識轉化為自己所擁有的知識。此外，父母要對孩子多進行鼓勵，增強孩子的主動性和積極性。

從小培養孩子好的習慣

比如：在看書時，有的孩子愛博覽群書，但他的文章寫得並不盡如人意，這與他看書的習慣有很大關係，因為他看書時常常走馬看花，知道大概意思就行了，不對書中的內容做深究。孩子有這個毛病，父母可以和孩子一起閱讀和分析並告訴他，在這篇文章中，哪些資料可以保存起來，哪些資料可以當名言警句收藏起來。

時間長了，對這些收藏和保存起來的資料，再進行分類和整理。這樣，一本完整而且全面的資料庫就建立起來了。為了鼓勵孩子的積極性，這項工作父母和孩子可以一起進行。

思維單一：跳不出思維定式的循環

模擬現場

在一個茶館中，一位警察局長正在和一個老頭下象棋，突然，一個小孩跑了進來對警察局長說：「快回家吧，你爸爸和我爸爸吵起來了。」老頭問警察局長：「這孩子是你什麼人？」局長說：「這是我的兒子。」那麼，請問這兩個吵架的人和局長是什麼關係？有人拿這個問題問了一百個人，令人遺憾的是只有兩個人答對了。

相信有很多人在初次看到這個問題時，也會束手無策。但如果你仔細思考和推理，事情並不複雜。這個下棋的警察局長是個女局長，自然是孩子的媽媽。吵架的是孩子的爸爸和孩子的外公。而在許多人的心目中，警察局長被認為是男性。再加上茶館、下棋的老頭這些干擾因素的存在，人們更不容易聯想到警察局長是個女性。

再來看這樣一個小遊戲，由兩道問題組成。第一個問題是先請被試人快速說十遍「木蘭花」，然後突然發問：「古代代父從軍的是誰？」許多人這個問題都能答對；而到了第二個問題，請被試人說十遍「亮月」，發問道：「后羿射下的是什麼？」「月亮！」十之八九的被試人脫口而出，待幾秒鐘後方驚呼上當。本是爛熟於心的最簡單的常識，為什麼會答錯呢？第一個問題布置好了圈套，被試人由第一題的答案得出了結論，認定只要將自己口中所說的內容顛倒一下順序即可。思維定式一旦形成，就難擺脫其干擾，人們往往就順著它的思路走下去。待到反應過來，啞然失笑。

這兩個例子說的都是思維定式作怪的現象。

思維定式是束縛和禁錮孩子創新的一種思維方式。要想讓孩子學會創新，就必須要幫助他擺脫思維定式，養成多維思考的習慣，不墨守成規，不迷信權威，不迷信書本，堅持從實際出發，勇於在實踐中探索。只有這樣，創新的火花才會在突破定式那一刻迸裂而出的。

思維定式會影響學生解題的正確性和多元性，同時也干擾教師獲取學生知識掌握情況的準確性。所謂思維定式，是一種因知識經驗累積太少，導致的分析問題簡單化、單一化。依據兒童心理學分析主要成因有：

（一）感知能力不完善。

在學習中感知是首要的條件。學生在數學學習中最先感知資料、概念，有了正確的感知認識，學生才能進一步的思考、記憶。

最常見的是計算符號的判斷錯誤。或是出現計算結果明顯錯誤時，卻未能及時發現改正。小學生的心理特點決定了他的感知是比較籠統、粗淺的。因而時常被表象迷惑出現獲取資訊有偏差的現象。

（二）思維不靈活。

在學習中思維是極其關鍵的。學生經過感知以後，整理收集、歸納總結一系列的行為過程都依靠思維。小學生總是容易適應比較固定的學習模式，習慣的套用以往的思考方式，不能積極主動的採用發散性的思維方式。例如：購物問題，根據給出的兩種物品價格和一定的購物金額，列舉幾種可能性。通常思維的局限性決定了學生只能較好的完成定式習題，綜合題或拓展題成了學生最害怕的題型。

(三) 記憶粗淺不深刻。

在學習中記憶是最終任務。記憶包括了對資訊的輸入和輸出，無論哪個環節出錯，都會導致學生失誤。小學生的記憶能力還處於發展初期，因此很容易受外界影響。環境、身體狀況的任何因素都可能干擾學生的記憶。有時將學生做錯的題，在未加指導的情況下再次讓其去完成，結果正確率大大提高。

不要禁錮孩子的思維，讓孩子多用自己的大腦思考問題

孩子不是父母的附屬品，父母也不是孩子的替代品，孩子有權利走自己的道路，也許孩子的觀點在你們看來有些幼稚，甚至是異想天開，但這是他們對這個世界的解釋，是他們成長的收穫。所以，當孩子的想法和你存在差異時，千萬不要一棍子打死。

鼓勵孩子多做開發智力的遊戲

孩子需要遊戲，恰如魚兒離不開水一樣。遊戲對孩子的智力開發有著重要的作用。父母不要談「玩」色變，在玩中，孩子可以很愉悅的學到知識，從而鍛鍊大腦。

啟發孩子多角度看問題

孩子對自己的父母具有很大的模仿性，你們的言行、舉止、思維方式都在潛移默化中對他們產生影響。所以你們應該積極的引導他們，培養他們從多個側面看問題的習慣。

對孩子的新奇思維進行正確引導

萬事皆有度，我們鼓勵孩子的創新思維，但也要防止他們走入歧途。打破思維定勢是創新，但過於別出蹊徑就是詭辯了。我們不希望孩子們從一個極端走向另一個極端，在孩子的思維出現了偏差時，父母應該及時的正確指導。

記憶力太差‥學的東西就是記不住

模擬現場

世界記憶力冠軍佐治是金氏世界紀錄的創造者，他的記憶力非常強。一九八九年，他在打破金氏世界紀錄後這樣說道：「我記了三十副牌共一千五百六十張。那些牌在證人面前洗牌了二個小時。我用二十小時看了那些牌並記住次序。我可以記錯八張，但我只記錯了兩張。我用了兩個小時四十三分鐘講了一千五百六十張牌的點數。於是，我創造了金氏世界紀錄。」

佐治的這種超強記憶力是怎麼形成的呢？原來，有一次，佐治去聽一堂課時，發現自己老是記不住。於是，他就去圖書館找來一些可以幫助記憶力的書來看，從中總結出了記憶規律，再透過訓練，他才有這麼好的記憶力。

記憶力是指人的大腦對經驗過的事物進行儲存和再現的能力，通俗的說，就是把某東西記住，在某個時候想再次知道的時候就想起來。就好像把某件東西放在抽屜裡，需要的時候再取出來一樣。

事實上，一個人的記憶潛力是非常大的。據美國科學家研究，如果一個人始終好學不倦，他的大腦所能儲存的各種知識，將相當於美國國會圖書館藏書量的五十倍。而美國國會的藏書有一千多萬冊。可以想像一下，一個人的大腦能夠裝下多少知識呀！

有一家雜誌說：「如果我們能迫使我們的大腦達到其一半的工作能力，我們就可以輕而易舉的學會四十種語言，將一本蘇聯大百科全書背得滾瓜爛熟，還能夠學完數十所大學的課程。」

其實人腦就像是一個圖書館，一個人學習的、記憶的東西都會保存在這個圖書館內。當他需要用的時候，就可以用。但是，如果圖書館的書庫中根本就沒有進過那本書，怎麼可能借給你呢？記憶就是過去經驗在人腦中的反映。一個人只有先去記，才可能在腦海中出現。

許多父母認為，孩子的記憶力是天生的。事實上，這種說法是錯誤的。每個孩子都是媽媽生的，但是，沒有一個孩子在生下來的時候就認識他的媽媽。他之所以能夠認識自己的媽媽，是因為媽媽經常和他在一起。因此，孩子記憶力的好壞不僅與遺傳因素有關，更重要的是和記憶的條件、記憶的方法有關。許多父母以為孩子記憶力不佳是資質比較愚鈍，其實不然，大多數孩子記憶力差，只是沒有掌握記憶的規律，缺乏正確的記憶方法。只要父母有意識有目的地培養，孩子是能夠提高記憶力的。

影響孩子記憶力的因素是很多的，如動機、興趣、記憶方法、睡眠、情緒、疾病等，但是，最關鍵的還是記憶方法。

激發孩子對記憶的興趣

興趣是學習的老師，孩子對有興趣的東西能表現出很強的記憶力。因此，要激發孩子對記憶的興趣，父母首先要給孩子創設一個輕鬆溫馨的氛圍，讓孩子在心情舒暢中來記憶。孩子在精神放鬆的狀態下進行記憶不僅記得快，而且記得牢。因此，父母應該想辦法誘導孩子高高興興的去學習，而不要一邊責罵孩子，一邊呵斥孩子去學習，這時的記憶效果肯定是不好的。同時，父母也可以教育孩子運用一些方法，把枯燥無味的知識進行特殊的加工，從而變成讓孩子感興趣的東西來記。

給孩子一個安靜的環境

良好的環境對於培養孩子記憶力是非常重要的，尤其是年幼的孩子。環境是促進記憶的一個重要方面。安靜的環境包括父母在孩子學習的時候，不要去干擾孩子，不要在孩子旁邊走動，也不要大聲說話、看電視等，以免使孩子分神。同時，父母要注意孩子學習環境的布置。房間內東西的擺放要整齊，雜亂無章容易干擾視線，影響記憶。因此，孩子學習的房間不要擺放過多漫畫、玩具等容易吸引孩子注意力的東西，牆壁上不要張貼許多與學習無關的東西，以免孩子的注意力被周圍的東西所吸引。

學習時坐的椅子對記憶力也有一定的影響。坐在舒適的椅子上，甚至允許他們半躺著讀書和坐在硬板凳上讀書的記憶效果是不一樣的。

讓孩子掌握記憶的規律

記憶的過程是識記、保持、理解、再認、再現的過程。在這個過程中，識記是記憶的開始，保持是記憶的中心環節，理解是保持的基本條件，再認和再現是記憶水準和素養的反映。

記憶有自身的規律，這是由遺忘規律所決定的。專門研究記憶的德國心理學家艾賓浩斯做過一個著名的實驗。實驗的結果是：熟記十三個無意義的音節後，僅過一個小時，就遺忘了七個；兩天後，又遺忘了一個；六天後，雖然遺忘還在進行，但是速度更慢了。可見，當記憶過程一結束，遺忘就開始了。遺忘的速度是先快後慢，記憶剛結束，在短時間內就會遺忘很多，越往後則遺忘越少。

正是因為已經記住的東西在遺忘的時候有先快後慢的特點，所以父母要教育孩子掌握記憶的規律，針對遺忘的特點來進行複習。一般來說，剛學過的東西要多複習，以後的次數可以逐漸減少，間隔時間可以逐漸延長。對於年級較低的孩子來說，最好間隔一天，如果孩子要準備考試，則父母要強調平時經常複習，多熟悉教材，進行有意識的背誦，這樣可以提高孩子的記憶效果和對記憶的信心。

讓孩子明確近期記憶目標

人不管做什麼事，都要有目標。這個目標，誘惑著人，引導著人，使人步入更高的境界。同樣，父母必須使孩子清醒的意識到，自己的學習總是有一定的目標的，這是成功的改進記憶效能的一個前提和基礎。

那麼，如何確立記憶的近期目標呢？關鍵是要學會安排記憶進程，把長遠目標劃分成若干不同的近期目標，一個一個的實現，一個一個的跨越。每當達到了一個近期目標，就能增強信心，改進記憶效能，提高記憶速度。當達到了所有的近期目標後，處心積慮所要追求的長遠目標也就勝利在望了。而對長遠目標的靠近，無疑會更強有力的刺激記憶效能，從而更有效的提高記憶能力。

例如：一個小學生要學習英語，倘若籠統的確立一個目標，將來出國深造——他會感到前途渺茫；如果確定不同的近期目標，先完成容易的部分，如每天學習十個名詞，進而掌握動詞、形容詞、副詞等，他就會感到信心十足，感到學習語言不再是枯燥乏味的工作。

每一次克服了困難，每一次獲得了成功，自信心便會隨之成長，而自信心同時又鼓舞他去爭取更大的成功。各種各樣的學習和記憶活動，都可以運用這種方法，化整為零，使長遠目標分解成若干不同的近期目標，由易而難，由淺入深，不斷的刺激學習興趣，增強記憶力。在學習過程中，孩子給自己提出一個記憶目標，充分利用有意記憶，可以使記憶效果大大提高。

讓孩子在理解的基礎上進行記憶

在積極思考、達到深刻理解的基礎上記憶資料的方法，叫做理解記憶法。理解記憶的基本條件是對資料進行思維加工。

有些資料，如科學概念、範疇、定理、法則和規律、歷史事件、文藝作品等，都是有意義的。人們記憶這類資料時，一般都不採取逐字逐句強記硬背的方式，而是首先理解其基本含義，即借助已有的知識經驗，透過思維進行分析綜合，掌握資料各部分的特點和內在的邏輯聯繫，使之納入已有的知識結構，以便保持在記憶中。

理解記憶具有全面性、穩固性、精確性及迅速有效性，依賴於孩子對資料理解的程度。理解記憶的效果優於機械記憶。

艾賓浩斯在做記憶的實驗中還發現：為了記住十二個無意義音節，平均需要重複五次；為了記住三十六個無意義音節，需重複五十四次；而記憶六首詩中的四百八十個音節，平均只需要重複八次！這個實驗告訴我們：凡是理解了的知識，就能記得迅速、全面而穩固。不然，愣是死記硬背，那真是費力不討好。

理解記憶是以理解資料內容為前提的。這種理解不僅指看懂了資料，而且包括搞懂了資料各部分之間的邏輯聯繫，以及該資料和以前的知識經驗之間的關係。因此，在記憶資料的時候，我們要盡可能向孩子強調「先理解、後記憶」的要求，而不要從一開始就逐字逐句的死記。

豐富孩子的生活環境

有生活經歷才有記憶，「見多識廣」孩子能記住和講出很多見聞，對自己的記憶充滿信心。要想樹立起孩子這種信心，就要在耳聞目染中，讓孩子對形象鮮明的、感興趣的或引起他們高興或驚奇的事物，留下深刻印象，讓其較長時間保持在孩子的記憶中，這些印象在遇到新的事物時會引起聯想，孩子就更容易記住新的東西。

增強孩子記憶的信心

記憶力的好與差不完全是天生的，是可以訓練的，記憶力是可以提高的。但對自己的記憶能力失去信心，就很難提高了。只有有信心，才能集中注意力、動腦筋、想方設法把它記住。因此，父母切忌打擊孩子記憶的信心。如有的父母罵孩子「你什麼都記不住，一點記性也沒有，對你說了也是白說」等等，是很不妥當的。父母要了解孩子記憶的不足之處，記不牢或記不正確的原因，耐心幫助他，要多給予鼓勵。從小培養起孩子對自己記憶力的信心。

練習、練習、再練習

不妨和孩子一起不斷大聲重複一些他們要背誦的東西，多重複幾遍之後，孩子就會覺得背誦非常簡單。經常考一考孩子他新學的字或者加減法，越多的練習，孩子就越熟練。在考完孩子簡單的字以後，應該很快把程度加深，考他一些更難一點的字，孩子慢慢會意識到記憶是一個積極的過程，他會越來越因為努力而感到自己是聰明的，他會因為自己能機智的應對那麼多的問題而越來越自信。

指導孩子記憶的方法

善於運用各種記憶方法能提高記憶力，父母要針對孩子的不同年齡階段，進行記憶方法的指導。年幼的孩子記憶保持時間短，記憶的主要方法是機械識記，要他們記住某種內容就要不斷重複，可教他們背誦一些兒歌、詩歌，記住一些簡單的科學常識。入學前的兒童已會運用意義識記，可以教他們運用順序記憶、歸類記憶、聯想記憶等識記方法。入學後要記住一篇課文，可用整體記憶和分段記憶等方法。

關於記憶的方法還有很多，這裡不可能一一的詳述，還需要父母在實踐中發現並教給孩子。總的說來，將孩子引入記憶方法之門，讓他知道用有效的記憶方法可以提高記憶力，促使他去探索、交流、創造適合自己的記憶方法，以達到提高記憶的目的，這些都是孩子提高學業成績的必要因素，父母有必要切實有效的做到。

創造力太差：是誰扼殺了孩子的創造力

模擬現場

著名教育家陶行知先生曾碰到過這樣一件事。一位母親對他抱怨說，她的兒子非常淘氣，把好好的一塊貴重金錶拆壞了，於是，她把兒子打了一頓。

陶行知先生當即說：「可惜呀，未來的愛迪生讓你槍斃了。」陶行知先生的這番話確實道出了在目前的家庭教育中，父母是怎樣無意識的扼殺孩子可貴的好奇心以及抑制孩子創造性的形成。

創造力，是指人們根據已有的經驗和認識，找出解決新問題的方法，或創造出前所未有的新事物、新形象的能力。它是智力發展水準的重要標誌，心理學研究表明，創造力不是一種全有或全無的現象，而是所有正常人普遍具有的程度不同的能力。

創造力對孩子的學業成績有著重要的影響。事實上，不誇張的說，每一個正常的孩子都具有一定的創造力，他們的創造力主要表現在能夠用自己的方法，去解決一些日常生活和學習中的問題。可是，現實生活中，為什麼在創造力的表現上，孩子之間會存在不同程度的差距呢？這其中的關鍵就在於父母。

有一位爸爸想讓五歲兒子證明一下看不見的空氣是怎麼存在於我們日常生活中的（這位家長為孩子提供了杯子、塑膠袋、風扇、水等具體的東西）。兒子因為有具體的東西做直接的依據，思維就顯得十分活躍活躍，他打開風扇，一邊讓風吹拂他的頭髮一邊說，空氣現在正在給我梳頭。然後他把空塑膠袋口握握緊，並不斷往裡捏直到塑膠袋變成一個氣鼓鼓的包，嘴裡還嚷著：我已抓到了你，空氣，看你還往哪裡跑。最後他將空杯子口朝下倒著壓人水裡，一開始因為沒有冒氣泡他非常著急，爸爸讓他想像一下潛水夫是怎麼呼吸的，他眨了眨眼睛然後讓杯子在水裡慢慢傾斜，哇！成功了，水裡冒出了氣泡，杯子裡的空氣排了出來。

從這個事例中，父母們應該可以看出，孩子的創造性活動必然以其創造想像為基礎，而孩子的創造想像是以他的日常生活經驗為基礎的。因此，父母要特別重視孩子日常生活各種經驗的累積，並不斷創造機會讓孩子充分表現其創造力。否則，孩子的創造力就會被束縛在腦子裡面，難以得到現實性的表現。

一個人的素養和觀念在很大程度上取決於幼年時期接受了什麼樣的教育。現如今，創意教育已經成為知識經濟時代教育的主旋律。對父母來講，重視培養孩子的創造力，已是為人父母的重要使命。

事實上，對於父母來說，培養、發覺和保護孩子的創造力並不是一件特別難的事情。只要我們潛心培養、教育，孩子的創造力就能夠得以正常或超常的發展。

積極肯定、讚揚、培養孩子的創造性

一些心理學家研究認為，四歲到四歲半的幼兒最富於幻想，創造性想像達到高峰，五歲後逐漸下降。究其原因，主要是因為成人不了解孩子的心理特點，習慣用常規和傳統經驗做事，按自己設想的模式去教育孩子，自覺或不自覺的壓抑了孩的創造能力，使孩子的思維範圍逐漸狹窄，思維方式日趨固定化。

孩子的豐富想像能力與大膽創造的精神是難能可貴的。當孩子對某些事物興趣濃厚而尋根究源時，父母要熱情鼓勵。對孩子提出的各種問題，都要做認真的回答，且要合乎孩子的口味，以啟發孩子積極思維。對於孩子在實際中生活、工作、學習中提出的新觀念、新做法、新設想，哪怕是點滴的，零碎的，不成熟的，都要熱情的加以肯定、讚揚，及時扶植孩子正在萌發中的創造性。

孩子的想像力、創造力來源於豐富的見識。我們要帶孩子多看些能啟發想像力的電影、電視、科技展覽，指導他們閱讀一些科學故事、童話、科普讀物，介紹一些古今著名人物的創造發明，讓孩子了解和學習那些發明家、科學家、藝術家、工程師等偉大的想像和創造能力，拓寬生活面，擴大知識視野，增長才智，從而發展孩子的創造力。

多給孩子一些實踐的機會

孩子智力的發展，是借助於自己的感官、雙手的實踐獲取的。勤動手，會促進大腦相應區域的發育。實踐的機會越多，思考就越周密、細緻。所以說，實踐是發展孩子創造力的重要條件。例如：法國著名動物學家法布爾小時愛觀察，捕捉小昆蟲；牛頓在兒時創作過小水車、風車；古代郭守敬自幼就勤於思考和動手，十五歲時就製成了精確的計時器——寶山漏壺。日常生活中，我們見到孩子拆毀四驅車、小鬧鐘、鋼筆、自行車之類的現象，正是孩子探求事物的奧祕、追根求底的好奇心的突出表現，應注意加以引導，盡量滿足孩子的求知慾與好奇心的需要，使他們的創造力在實踐中不斷得到發展。

有意識的訓練孩子的創造性思維能力

創造性思維，主要指擴散性思維與集中性思維兩種思考方式。

集中性思維，是一種收束性思維，可訓練孩子從各種答案中找出唯一正確的答案的能力。目前，一些教師傳授知識，多用這一思維方式，許多學生父母對於子女也多是灌輸現成知識和已有結論。這樣，對於培養孩子的想像力、創造力以及解決問題的能力是不夠的。

擴散性思維，則是在思考過程中，以問題為中心，向四面八方展開，尋找多種答案。它不固守一個方向、一定範圍、一種形式，並具有流暢、廣闊、深刻、靈活、獨特的特徵，是培養孩子創造力的重要方面。父母要注意改變舊的教育觀念與方法，調動孩子學習的積極性和主動性，採用畫圖畫、猜謎語、講故事、回答問題等方式，給孩子提出一些擴散性的問題，並鼓勵他們迅速、靈活準確的回答出來。例如：在幾分鐘的時間內，說出某事物和其他事物的種種連繫；說出解一道算術題的多種方法；說出某一物品的多種用途；說出一個詞語的多種意思；編出符合某故事情節的多種結尾……，當孩子的思維遇到障礙時，我們就給予必要的啟發、幫助，不要使孩子感到過度為難，而影響其積極思考問題的情趣。常常教育孩子從各種不同角度去考慮問題，孩子的思路才能開闊、靈活，創造性才能逐步提高。

此外，父母要注意兩種思維方式的有機結合。如果只注意擴散性思維的培養，就會使孩子產生過多幻想，得不到集中思維的幫助，幻想將成為空想，眾多的創造性設想就無法付諸現實。

與此同時，父母還要教育孩子從小樹立遠大理想，有進取心，有自信心，致力革新，勇敢創造。要能經得起挫折、失敗的考驗，具有堅強的意志和不達目標絕不甘休的毅力。這樣，孩子將在成為「創造型」人才的道路上，留下一串串堅實的、令人振奮的腳印。

第四章　抓緊上課時間——提高成績的關鍵點

上課不專心：聽不進去課，注意力不集中

模擬現場

一位父母帶著她已經上四年級的女兒，匆匆來到一家心理診室，十分焦急的向醫生講述了孩子的情況。

孩子平時文文靜靜，上課也遵守課堂紀律，但是，學業成績一直很差。小學一年級時，勉強可以跟班學習。到了四年級，雖然自己一如既往的抓她的學習，有的功課還請了家教，但是，她仍然有多門功課不及格。近一年來，她功課更差，經常

多次考試不及格。父母敘述完後，醫生仔細詢問孩子，孩子說：「我也想好好學習，可上課、寫作業時，就是思想不能集中，經常不專心……」

行走人生道路好比駕駛汽車行駛，我們就是那個司機。開車可以不專心嗎？開車可以打瞌睡嗎？開車可以精力不集中嗎？回答不言而喻！不專心，注意力不集中的結果是什麼？方向盤偏離，如果發現得早，來得及把方向盤一把打回來，情形就改變了。但是如果是來不及了，會有什麼樣的結果呢？答案不言而喻。

一九四二年二月八日晚上七時，占領了馬來西亞的日本軍隊向駐守新加坡西北部的澳洲軍發動進攻。七天之後，英軍總司令白思華中將於當天晚上八點半宣布無條件投降，有超過十萬名英國、澳洲、印度等守軍淪為階下囚，新加坡從此進入了三年零六個月的昭南時代。這就是歷史上著名的「新加坡失陷」。

新加坡淪陷是亞洲現代史上的一個里程碑。在這之前，英國報章把新加坡形容為「堅不可摧的堡壘」。有「東方直布羅陀」之稱的新加坡轉眼便落入日軍手中，對英國的作戰努力以至整個大英帝國，不啻是一記沉重的打擊。連當時的英國首相邱吉爾也不得不承認，這是「英國歷史上最嚴重的災難，也是規模最大的投降」。

你知道這次失敗的原因是什麼嗎？是戰役期間出現了臨陣脫逃的不專心現象，這個現象對當年戰局起了極大作用，使日軍攻占新加坡的時間大為縮短。

一個不專心毀了一個國家！這是多麼的可怕啊！其中的道理值得大家深思！

上課不專心在低年級孩子中非常普遍，這與孩子的穩定性和自制力差有關。注意力是一種能力，需要培養和訓練，而批評和威脅是無濟於事的，只能增加孩子的恐慌。孩子的注意力並不是經過一次教育就可以提高的，父母需要掌握科學的方法來訓練孩子的注意力。

孩子能不能專心聽講，直接關係到孩子對知識的理解、吸收和掌握。一個上課不專心的孩子，是無法很好的掌握所學知識並加以鞏固和應用的。所以，培養孩子學習專心的習慣，對孩子的學業成績影響重大。

要解決上課不專心的問題，父母應首先弄明白孩子不專心的原因，這樣才能對症下藥，藥到病除。

孩子上課不專心，主要原因有以下幾個方面：

（一）孩子的年齡特點。孩子的年齡直接關係著孩子的注意力：兩歲的兒童，平均注意力集中的時間為七分鐘，四歲為十二分鐘，五歲為十四分鐘，十歲為三十分鐘。隨著孩子年齡的增長，注意力集中的時間越來越長。所以，父母和老師對孩子的不專心應有一個科學的態度，只要孩子的注意力符合其年齡特點，就不應該給孩子扣上「注意力不集中」的帽子。

（二）感覺統合失調。有些孩子注意裡不集中是由感覺統合失調引起的。其中聽覺統合失調的孩子，起主要的一種表現就是上課注意力不集中。如果孩子除了不專心還伴有其他症狀，比如閱讀困難、計算總是出錯、寫字大小不一、多動等，父母應帶孩子去醫院做檢查。

（三）課堂環境。孩子的注意力具有不穩定性，很容易被其他事物所干擾，尤其是新奇和感興趣的事情。老師服裝或者髮型的變化、教室內的張貼、窗外的各種情形或者聲音都會分散孩子的注意力。

（四）課堂內容。課堂內容是導致孩子不專心的一大因素。講課內容枯燥無味或者內容孩子早已掌握，引不起孩子的學習興趣，孩子就容易不專心。

（五）學習興趣。有的孩子不願意學習，對學習有排斥感，上課自然就不專心；

有的孩子學習困難，聽不懂老師講的內容，也容易不專心。

（六）懷有心事。孩子的自制力差，缺乏對自己注意力的約束。有些孩子上課是因惦記動漫、遊戲等，而分散了聽課的注意力。

父母在知道了孩子上課容易不專心時，首先應耐心的和孩子交談，詢問孩子不專心時心裡在想寫什麼，從中發現孩子不專心的真正原因。在了解了孩子不專心的原因後，就可以有的放矢的針對孩子的具體情況開始訓練孩子的注意力了。

讓孩子在上課前準備好所有的學習用具

上什麼課需要什麼學習用具，上課前都要準備好放在課桌上，課本要翻到本堂課所學的章節，預備鈴一響，就要坐到座位上等老師上課。如果等老師走進教室了，再去找課本、學習用具，必定會耽誤寶貴的時間。這段時間中，你就很可能不專心，就會比別人少上幾分鐘的課程。

盡量不要讓孩子帶玩具和零食到學校

課桌上擺放著一些好玩和好吃的東西，那些愛做小動作的學生就會容易不專心，他們可以邊聽邊不停的玩弄桌子上的玩具或偷偷的吃零食，這無疑會影響學習的效率。

在日常生活中培養孩子集中注意力的好習慣

習慣的力量是巨大的，人一旦養成一個習慣，就會不自覺的在這個軌道上運行。如果是好習慣，則會終生受益；反之，就會在不知不覺中害你一輩子。孩子集中注意力的習慣一旦形成，就不會輕易在課堂上不專心。

對孩子的不專心要進行心理治療

孩子上課時注意力不能集中，聽不進功課，經常不專心，學業成績自然就比較差。隨著年級的升高，功課難度加大，課堂上老師所講內容根本無法聽懂，孩子就會逐漸產生厭學情緒，長期如此，在學習上就會形成惡性循環。再加上孩子的功課不好，有的老師和同學就歧視他們，父母甚至對孩子經常打罵，從而給孩子造成了極大的心理障礙，使他們失去了自信心、自尊心和上進心。所以，如果您的孩子有不專心的壞習慣，千萬不要對他們進行諷刺挖苦，從心理上指導他們改正才是明智的方法。

和孩子一起做遊戲，以此培養孩子的注意力

和孩子一起做遊戲對培養孩子的注意力非常有效。遊戲可以自行設計，注意掌握這幾點：遊戲要有趣；適合孩子的能力；遊戲目的要明確，讓孩子知道自己要注意觀察的是什麼；遊戲時間以十五分鐘至三十分鐘比較適宜；做遊戲時要專心致志，不能同時做別的事情。

不敢發言：說錯了怎麼辦

模擬現場

今天，李明在課堂上的發言非常精彩，引起了熱烈的掌聲，真令人羡慕。我和他的成績一樣好，可是上課不敢發言。每次老師喊我發言的時候，我總是很緊張，感覺同學們都在盯著我，手心都冒汗了，明明準備好的內容總是結結巴巴的才說出來，甚至有時還忘記說什麼了，站在那裡發愣。雖然，老師並沒有批評我，但同學

們肯定都在笑我，真丟人。現在，我一聽到老師提出問題，就趕緊低下頭，就怕老師點到我。

上課積極發言是許多優秀學生取得好成績的法寶。它可以促使學生在課堂上集中注意力，主動參與老師的教學；也可以讓老師明白學生的觀點，了解學生的思維過程，從而更好的幫助學生掌握知識；還可以鍛鍊學生的口頭表達能力。

不過，在大庭廣眾之下說話，並不是件容易的事。很多孩子都有不敢發言的壞毛病，自己準備的挺好，一到當眾發言時，就很難流利的表達出來了。這主要和孩子站起來時內心的想法有關。

一些孩子在要發言時，會不斷的提醒自己：我一定要和事先準備的一樣，說得很流利，很有條理。這種對自己的苛求常常導致自己過多注意到語言的流暢性而沒有集中到話題本身，從而造成緊張。一旦出現「卡卡」時，他們就會拚命去想自己原來是準備怎麼說的，卻很少能及時回憶起來。其實，事先準備的不一定最精彩，放鬆心情，再重新思考一下，也許你在課堂上的即興發言會更讓人印象深刻。

還有一些孩子在要發言時總是擔心說錯了，被同學們笑話。這種擔心完全沒有必要。上課時，雖然會有因同學發言錯了而引得大家哄堂大笑的情況，但同學們並沒有惡意。大多數孩子都有這樣的經歷，甚至也曾是大笑中的一員。生活中誰不會犯這樣那樣的錯呢，誰又會從不鬧笑話呢？就連老師有時也會說錯話讓同學嘻笑，這又有什麼關係呢？最終不是一笑置之了嗎？當孩子坐下後，同學們又和老師開始新的學習，誰會把孩子的表現當作不斷嘲笑的話題呢？所以，不要管別人會怎樣，想說什麼就說什麼，這樣才會讓發言更精彩。

當然，如果你的孩子的想像李明那樣，上課發言時表現得那麼大方。他還可以在自家的鏡子前，模仿他的姿勢、神情，盯著鏡中自己的眼睛，想像自己就是面對同學能夠侃侃而談的李明，把事先準備的內容朗誦幾遍，看看感覺怎樣。甚至還可以請爸爸媽媽做你的聽眾，請他們對你的發言表現提出意見。感覺滿意了，悄悄的握緊拳頭給自己鼓勵，並深深的吸一口氣，將這種自信大膽的感覺保留住。上課時，當你需要發言時，就先握緊拳頭，將當時的那份感覺找到，就可以從容的表達自己的觀點了。

事實上，不感發言這種現象並不是個別的。就算是在中學生甚至大學生中，也有很多孩子「發言不積極」。經過老師的調查發現，不擅長發言的孩子一般有三大類：一是孩子的膽子小，不敢發言；二是孩子的性格內向，不喜歡發言；三是孩子缺少方法，不知道怎樣發言。對於前兩類孩子，父母應該幫助他們克服心理上的缺陷，讓孩子變得愛發言。對於後一類孩子，父母應該幫助他們學會發言。

鼓勵孩子勇於發表見解

針對孩子膽小的特點，父母最好常常給孩子講一些英雄模範的先進事蹟。例如：武松打虎、警察抓小偷的故事等。孩子們是很仰慕英雄的，願意向英雄們學習。父母還應該適當的向孩子提出學習英雄們勇敢無畏的精神，要首先落實到敢於發言。只要父母有計畫的這樣堅持做下去，孩子就能變得勇於發言。

幫助孩子學會如何發言

有些孩子想發言，可是得不到要領，不是沒有頭緒，就是廢話連篇。這是孩子不擅長發言的另外一種表現。因此，父母應該幫助孩子做到「言之有理，言之有序，言之有物」。

言之有理。父母應該幫助孩子在發言時圍繞著一個中心有關的內容多講，具體來說，與中心無關的內容應該少說。孩子明白了「發言應該圍繞一個中心」以後，才會把話說好。

言之有序。父母應該讓孩子知道，發言時要有順序。講完一層意思以後，接著講另外一層意思，要注意各層之間的聯繫，使講話的內容上下連貫起來。這樣的發言才能使人明白。

言之有物。父母要在幫助孩子「說話」的時候，做到以「事實」說話。這是非常有效的一個方法。應該讓孩子知道，介紹物體，應該具體的指出物體的顏色、形狀、大小、聲音、氣味、質料、作用以及感受；介紹事情，應該具體的講出事情的發展變化過程；介紹人物事蹟，應該列舉出具體的事蹟等。有的時候，還可以用打比方，列舉數字來補充所要發言的話題。

以身作則，做孩子的好榜樣

第一，父母平時講話應該給孩子樹立榜樣。講話要努力做到「言之有理，言之有序，言之有物」。為了激發孩子的積極性，父母講了一段話以後，可以讓孩子講講這一段的題目，這段話的主要內容以及這段話的順序是什麼。需要注意的是，父母講的這段話必須清楚、規範，這樣孩子才能有所收穫。

第二，父母要有意識的收集小故事。在日報、文摘報上經常刊登一些有趣、有意義的短文。父母最好讀給或者講給孩子聽，接著讓孩子複述出來。複述的時候，應該讓孩子按照發言的要求做。

第三，父母應該嚴格要求，耐心的輔導孩子，認真的幫助孩子提高發言的水準。例如：平時只要聽到孩子講話，就應該用正確的標準衡量孩子的發言內容。好的要及時表揚，不好的要及時指出，使孩子重新發言。教育孩子，要想好了以後再說，發言的時候要消滅「嗯，啊」等口頭語，最終使孩子提高發言的素養。

不會聽課：無法掌握課堂學習的關鍵

模擬現場

我兒子上國中二年級，從上中學開始，老師就反映，孩子上課時總是聽一會兒課，就不自覺的東瞧瞧、西看看，一枝鉛筆、一塊橡皮都能讓他玩上半堂課，兒子的考試成績因此受到很大影響，老師和父母都著急。老師想幫助他，可一幫助就變成了批評，越批評孩子就越不願意學。孩子自己也知道上課應認真聽講，想改掉這個壞毛病，可是就是不知道該如何聽課。請問專家，我們該怎麼做？

在上課時，很少有老師會流水帳一樣平鋪直敘的講課。大多數時候有鋪墊，有引申，有總結，透過種種方式來幫助學生加強印象。對學生來說，上一節課就像是跟著老師做一次旅行，頭腦要不斷思考新的問題，耳朵要不斷傾聽新的知識。如果不能從老師的講述中抓住關鍵點，以及它和其他知識之間的關係，這樣的聽課可以說就是失敗的，內容必然會逐漸遺忘。

對於孩子來說，學習的重點在於對知識的掌握和運用。掌握是把知識裝進自己的腦子裡，運用是把腦子裡的知識拿出來使用。而課堂上聽到的是什麼？絕不僅僅是老師的話。就算你能把老師講的話全部背下來，也不見得你完全吸收了老師所講的內容，這裡面的關鍵在於，你需要用自己的腦子來主動思考，而不是像影印機一樣重複。老師的話只是幫助你掌握知識的橋梁，橋本身只是交通工具，並不是目的。

老師的講課水準差次不齊，就像橋有好有壞一樣，這一點我們無法選擇。我們唯一夠努力的地方在於，無論什麼樣的橋，我們要走過去，成功的到達對岸，把老師所講的知識裝進自己的大腦。所以說，課堂學習的關鍵，不在於老師講什麼、怎麼講，而在於學生聽什麼，怎麼聽。

吸收老師所教授的知識，意味著你必須在課堂學習中，把自己頭腦中已有的知識啟動，使其始終保持在一種活躍活躍的狀態。老師每講出一個知識點，你就要對它做分析和歸類，放進自己大腦中的知識庫裡，在你的知識結構網路中，找到它的位置。然後，你要把它和其他知識連起來，檢查相互間的聯繫是否清晰、穩定，如果有疑問，你就必須舉手向老師請教。這看起來很複雜，其實非常簡單，就是把新知識和舊知識比較，先確定它屬於哪一個類別，再從同一類知識裡，尋找因果關係和先後順序。這樣，我們在學到一個知識點的同時，也能了解它是按照什麼樣的邏輯順序，從哪裡發展演變而來，它的前提條件是什麼，它的制約因素是什麼，它的適用範圍是什麼。也就是說，課堂學習，不能僅僅滿足於抓住知識點，而必須把新的知識點和舊知識連成片，形成網狀結構。你得到的，不該是一粒珍珠，而應該是一小片漁網。

所以說，在聽課時，學生應該學會有選擇性的聽！一般說來，老師課堂上講的內容都要用心聽。但有時，老師為了照顧不同層次的學生，採取不同的方式講不同層次的內容，這時學生就得根據自己的實際情況，有選擇的聽，即抓住對自己有重要意義的關鍵內容。一位優秀的學生幹部曾這樣說：「課堂教學進度一般以中等學生的理解能力為主，顧及差生的能力所及。這樣一來，基礎比較好的學生會產生『吃不飽』之感。那麼，聽課方式大可不必『專心致志』。主要聽課內容為：規律性的知識以及老師給的教學方法、解題思路等，作為我們聽課的核心內容。而對於那些常規的、純屬老師『炒剩飯』的部分，則無須一板一眼的聽，這時，可以看一些與課堂有關的書籍，擴大知識面，增長見識。當然，這需要對自己的實力有正確的估計，切不可眼高手低，顧此失彼。」

聽課之所以要有選擇性，是因為你需要時間來編織自己的知識網路。你聽課是為了從老師的嘴裡得到知識的線頭，而老師講課的節奏總是有張有弛，知識點不會太密集，總會多舉些例子來解釋、闡發。這時，你就可以拿出一張紙，試著畫一下各知識點的相互關係，只用三五分鐘就夠了，相當於把新舊知識一起溫習了一遍。而自己總結出來的規律，總是記得特別穩固，聽課效率就在無形中大大提高了。

很多學生都有這樣的感受：老師講的時候，似乎什麼都聽明白了，可到了做題的時候，還是缺乏自信。之所以會如此，就是因為這些知識不是自己總結出來的，只是在課堂上被動接受的，和已有的舊知識聯結得不夠緊密，很容易脫節。這點老師幫不了你，你只能自己幫自己，從現在開始，借助老師的講解，在課堂上自學。

教會孩子畫知識結構圖

父母可以讓孩子把自己學過的知識，畫出一幅知識結構圖，由此可以明白知識間的相互聯繫。孩子自己來總結，就能讓這幅圖留在自己的大腦中，在需要的時候可以立刻回想起來。

教會總結各知識點之間的異同

父母可以讓孩子比較各知識點之間的異同，並用自己的話總結概括出來。這樣做可以幫助孩子清晰的區分那些容易混淆的概念，而這些自己總結出來的規則，總會記得格外清楚。

教會歸納每個知識點的適用範圍和限制條件

父母可以讓孩子對每個知識點進行歸納，標明它的適用範圍和限制條件。這實際上就是在總結非常實用的規律，幫助自己輕鬆的應對考試，準確的識別出試題中的各種陷阱。

教會自學新的知識

如果孩子缺乏自信，父母可以陪他自學新的知識，抓住概念、相互關係和適用範圍這幾個點，讓孩子自己歸納總結。孩子會發現學習非常容易，這個過程可以讓孩子極大程度的增加自信心，相信單憑自己也能學好。

讓孩子知道，跟著別人是別人的，自己總結才是自己的

父母可以給孩子講清楚，跟著別人學知識，知識就是別人的，只有自己總結出來的知識，才是自己的。背別人的結論又辛苦、效果又不好，而自己總結出來的結論不用專門去背，也能記得很牢。

課前不預習：上課認真的聽就夠了

模擬現場

一位高一的學生說：「國中時老師要求我們預習，我總沒把它放在心上，覺得反正老師要講，預習不預習沒關係。到了高中便明顯的感覺到各門功課學得很不紮實，往往上課聽懂了，下課就忘，很是被動。再看其他同學學得輕輕鬆鬆，原來他們很重視課前預習。」

有句古話：「凡事預則立，不預則廢。」這句話強調不管做什麼事，要事先有充分的準備。在學習中，這種準備就是「預習」。

所謂預習，是指一種按照學習計畫預先自學教材的學習活動，它是培養自主學習能力的一個重要途徑。學習新知識的常見環節一般是預習——上課——複習——作業，預習直接影響上課的品質。所以說，正確的學習方法是先預習後上課。父母應該要求孩子在上課前先獨立的自學，對要學的內容做到心中有數，讓孩子初步掌握重點、難點，做好上新課的準備，促使自己自覺探索，更加主動的學習。

有些孩子學習很努力，但學業成績不佳，他們習慣於「平時從不向前看，上課只跟老師念，下課圍著習題轉，考完誰都不想見」。他們沒有知識和課前的心理準備，進教室只能「跟著」上課，學習起來情緒低沉，思維呆滯，下課後做習題戰術，搞得身心疲憊，這樣的學業成績是不會理想的。「考完誰都不想見」這種生活多麼難受、多麼苦惱。造成這種狀況的一個主要原因，就是他們忽視預習，未能在學習中占據主動地位。

透過預習，能使孩子對要學的內容做到心中有數，目標明確，注意力集中，思維就會積極、活躍活躍。透過預習，使孩子能了解新課中需要什麼舊知識，能發現自己知識上薄弱的環節，可以及時的補上這部分知識。更重要的是，透過預習，可以培養孩子的自學能力。

有的父母和老師怕學生預習，怕一些錯誤的理論先入為主影響學生，怕學生對數學知識失去新鮮感，怕學生課前進行了預習到了課堂上不認真聽講。

其實，我們不能因為怕噎著就不吃飯。我們之所以擔心，是因為我們的孩子還沒有養成預習的習慣，還沒有掌握預習的方法，還沒有體驗預習的快樂。

預習，好比在外出旅遊之前看導遊圖，大概了解一下要遊覽的地方，做到心中有數。課前預習主要有以下好處：

（一）可以培養和提高自學能力。

自學能力只能產生於獨立的學習活動中。預習一般是由自己獨立看書、記筆記來解決問題。長期堅持預習的同學，他們閱讀的速度快，思維敏捷，獨立分析問題和解決問題的能力較強。

（二）可以提高聽課效率。

沒有預習就去聽課，只能被動接受老師的講解；預習之後去聽課，聽得主動，思路很快與老師同步，預習中遇到的不懂或不理解的問題，就能特別注意聽老師講解或向老師請教。這種帶著問題去聽課的效率自然很高。

（三）可以彌補知識缺漏。

預習過程中常會遇到對某個知識點理解不了或似懂非懂的情況。這裡有不少問題是出自對舊知識的遺忘，或對新知識不能理解。這樣，就需要在預習時認真彌補知識缺漏，對新知識的疑難之處，可提前進行認真分析與思考，從而提前掃除聽課中的「攔路虎」，改變被動的學習局面。

（四）可以提高記筆記水準。

由於你提前預習了，所以，對老師講的內容和板書的內容，課本上有沒有，心裡很清楚。凡是課本上有的，可以不記筆記、少記或留空課外補記，課上著重記課本上沒有的、自己不太理解的，以及老師反覆提醒的關鍵問題。這樣做就可以把更多的時間用在聽講和思考問題、理解問題上。

這裡值得一提的是，預習對於一些學習後進生來說，作用更加明顯。透過預習，他們能做到心中有數，提高了這些學生參與課堂的積極性，能讓他們在課堂上跟上進度，樹立學習的信心。

此外，培養預習習慣的開始階段，父母一定不能心急，畢竟中小學生的學習自主能力很差，他們的學習多數都是被動的。所以，父母要安排預習時間，盡量讓學生在學校、在教師的指導下完成預習。

讓孩子選擇預習的重點

父母應該讓孩子選擇自己學起來比較困難的科目作為預習的重點，多花些時間和精神來閱讀和思考。有的孩子只預習自己喜歡的科目，對於自己不喜歡的科目看都不願多看一眼，其實很不利於成績的提高。父母可以在一邊督促孩子，耐心的陪著孩子一起來預習，直到孩子漸漸喜歡上這門課、養成預習的好習慣。

讓孩子明確預習目的

父母應該讓孩子明白，深入思考，提出問題是預習的關鍵。透過預習，可以初步了解新課文的基本內容，可以分析這些內容哪些是自己學過的、哪些是新東西，還可以了解舊知識自己是否已經掌握、對於新內容究竟有哪些不清楚的地方。

讓孩子隨時預習

父母還應該引導孩子，讓他們明白，預習功課可以隨時進行，並且是分階段的。在開學之前，孩子可以先把教科書預習一遍，大體上了解這個學期的主要學習內容。從總體上與以前所學的內容進行比較，看看難度在哪些方面加大了，從而有所針對的在課外補充看一些書、做一些實際活動。這是學期預習。

然後應做階段預習。無論是按知識內容，還是按時間進度，都可以把一個學期分成好幾個階段。特別是數學，根據知識分成幾個階段來學，有利於形成整體的知識結構。

最後就是每節課前的預習。這可以根據自己的情況來定，如果階段預習很充分，就不必每節課前都花費太多的時間和精力預習，可以根據自己的水準靈活掌握。最主要的是養成預習的良好習慣，每次上課前都明確自己的聽講目的。

讓孩子知道怎樣預習

在預習中要讓孩子要盡力嘗試解答課本例題。要知道怎樣預習這樣的內容，不要讀完題後看答案，這樣只是在似懂非懂的情況下不勞而獲，不利於學習能力和習慣的發展。父母可以指導學生碰到這樣的內容，先將課本上的解答方法用紙蓋住，自己嘗試審題、解答。這樣學生透過了自己獨立思考和自主探索的過程，就會加深對所學知識的理解。

不會複習：把學過的看一下就好了吧

模擬現場

兒子最近幾次考試都不很理想，下週又要考試了，你多麼希望兒子能夠考好啊！「快要考試了，快去複習吧！」你對著兒子喊道。兒子滿不在乎的說：「媽媽，你就放心吧！那些內容早就會了！」你驚奇的瞪大雙眼：「什麼，我不是在做夢吧？這麼短時間你就把所學的內容複習完了？」兒子笑著說：「完全OK！複習嘛，有什麼難的，把以前學過的東西看看就好了！」看著兒子得意的樣子，您卻陷入了無奈中，心想：「天哪，這孩子念了這麼多年書了還不知怎麼複習，該怎麼辦呢？」

現在有不少孩子沒有認識到複習的重要性，或者複習功課的方法不正確，以至影響了學業成績，這個現象應該引起父母的關心。

俗話說：「師傅領進門，修行在個人。」這句話的含義並不是說老師傳授知識不重要，而是強調了複習的重要性。複習，是自學過程中的一個重要環節。自學要想取得良好的效果，一靠理解二靠複習。因此，有一句名言這樣說：「複習是學習的母親。」

「學習」二字本身也強調了複習的重要性，「學」是接受新知識，「習」是進一步理解、歸納、總結和記憶已學過的知識。在學習過程中，只學不習，就如同「猴子掰玉米，掰一個丟一個。」因此，父母要指導孩子及時複習。

此外，人的記憶畢竟是有限的，要想使學過的知識不被遺忘，就需要定時複習，凡是在學習上取得成功的孩子，都對及時科學的複習有深切體會。從某種意義上講，這也是接受同樣教育的孩子為什麼會在學業成績上參差不齊的原因之一。

這和運動選手在起跑之前總要先甩甩手腳暖身一樣，孩子在複習前也應當做好充分的準備工作。

複習前，孩子要準備好複習時需要的書本、作業、參考書和複習筆記等有關資料。這樣，一旦開始複習，就可以立即投入，專心致志。複習不能打無準備之仗。我們看到：有的學生想法雖不錯，計畫在某一天複習算術或某一門功課，可是到了那一天，為了找複習的有關資料，就花去了好多時間。當坐到書桌上開始複習時，早已被找資料搞得情緒不佳了。這樣的複習，效果自然會因之大打折扣，也無法讓自己滿意。有選擇的找幾本與教科書有關的參考書，用以開闊思路，幫助複習，這是必要的。正如美國教育家華特．波克指出的：「透過閱讀同一題目的兩種不同的敘述，會使你更深刻的理解課本內容，記憶也就更穩固。」

讓孩子遵循客觀規律，及時進行複習

科學、正確的複習一定要遵循客觀規律，而且要及時。如果等知識完全被遺忘了再去複習就會事倍功半了。比如：指導孩子在寫作業之前，對當天所講的內容進行複習，還可以告訴孩子，每天晚上睡覺前想一想：「我今天都學了什麼？」把當天所學的內容像看電影一樣在腦子裡過一遍。三天後再複習一遍，每週再對所學習的內容進行小結複習。一個月或三個月做一次總複習，這樣就能穩固掌握所學知識了。

教孩子學會嘗試回憶

複習時不要讓孩子一遍一遍的背，而應在複習資料還沒完全掌握之前，就積極的嘗試回憶，看看哪些內容能否回憶起來，哪些回憶不起來，然後再集中精力去掌握那些不能回憶的內容或改正回憶中發生錯誤的內容。

教孩子複習要針對學科特點

不同的學科，複習的方法也不盡相同，比如複習語文、外語最好是大聲朗讀課文，記住當天所學的生詞、讀寫方法和語句的意義，外語應重視語音、語法、句型等知識的複習。複習數學則應背熟公式、定理，適當做一些練習題。複習歷史、地理、生物則應細讀教材，找出前後知識的聯繫，在理解基礎上背熟基本概念、人名、地點、歷史年號、大事件等。

教孩子學會分散複習、交叉複習的方法

心理學家經過實驗證明：分散複習要比長時間的集中複習效果好。孩子年齡還小，愛動，很難在長時間內集中注意力做某一件事情，因此採用分散複習的方式更為恰當。父母不妨讓孩子每次複習三十分鐘，中間休息之後再複習。這樣孩子就不會感到疲勞，複習的效果也會更好。

如果孩子的複習任務比較重，要同時複習幾門課程，最好採用交叉複習的方式，也就是說如果前三十分鐘複習語文，中間休息後就換成另一門課程，再休息後又變成其他的課程，這樣複習孩子不易感到厭倦。

不喜歡寫作業：能拖就拖，能不做就不做

模擬現場

上小學三年級的小軍總是不能按時完成作業。剛開始的時候，老師以為是家庭的原因，就在電話中向小軍的父母講解督促孩子按時完成作業的重要性。父母呢，他們還以為是老師沒布置什麼家庭作業！

當父母知道其中的緣由後就問小軍：「為什麼不寫作業呢？是不是上課沒專心聽講，不能完成作業啊？」無論父母怎麼問，小軍就是不回答。小軍的爸爸急了，要抄傢伙揍孩子。小軍也急了，乾脆「砰」的一聲關了自己的房間門，隔著門還在大吼大叫：「我就是不寫作業！不寫！就是不寫！」

孩子不喜歡、不願意寫作業，即使父母揍他多少次，也是不管用的。最好的做法是理解孩子「不寫作業的原因」，順藤摸瓜，幫助孩子提高學習興趣，使之逐漸養成獨立完成作業的好習慣。

每個孩子不喜歡、不願意寫作業的原因各不相同，其結果也是千差萬別的。那

麼，孩子不喜歡寫作業的原因那些呢？

原因之一：近年來，國家教委為減輕孩子的學習負擔，對低年級學生的課外作業進行了限制。然而，有些父母為了孩子早日成「龍」，卻自作主張，增加了孩子的課外作業，哄著或逼著孩子去做過多的課外作業。這些父母不注意孩子的心理承受能力，讓孩子一做就是幾個小時。因此，孩子不愛寫作業，甚至對寫作業產生反抗心理也就不奇怪的。父母的這種錯誤行為，一旦長期下去，進入惡性循環，孩子非但不能成「龍」，反而可能會變成「問題兒童」。請我們的父母對照一下，你是不是也這樣做過？

原因之二：在對待孩子寫作業的問題上，有些父母喜歡和孩子「討價還價」，大搞物質刺激。比如：「寶貝，你把作業寫了，媽媽就給你十塊錢。」「你不寫作業呀？那好，下次媽媽絕不帶你出去玩了！」「這一個月，如果你每次作業都是優等，月底媽媽就幫你買新玩具！」這些對孩子「討價還價」的做法是相當錯誤的。

正確的做法是父母從一開始就要讓孩子知道學習、完成作業是他必須做的事。也許孩子並不是那麼容易改正缺點，父母不妨結合一些實例及名人刻苦學習、成材的故事去激勵孩子，使讀書、完成作業逐漸成為孩子的自發行動。

原因之三：一部分孩子寫作業時必須得由父母或老師陪做，在一旁監視，否則就不能完成。在寫作業過程中，一遇到問題就申請幫助或輔導，不肯獨立思考，作業完成了多半是父母或老師幫助檢查。這種依賴心理導致孩子自覺性不強，在沒有父母和老師在場督促的情況下，就很難完成作業。

原因之四：父母對學校和老師的態度也可能影響孩子對完成作業的態度，倘使父母習慣性的責怪學校和瞧不起老師，孩子也可能表現出對完成作業的抵觸。孩子的心理素養畢竟是脆弱的，經不起父母的「薰陶」。

原因之五：有的孩子學習基礎比較差，寫作業總是遇到困難，這時他們便不願寫作業。而因為不寫作業，當天所學知識沒有鞏固，導致成績更差，和其他同學的差距越拉越大。因此對學習失去信心，從而更不願寫作業，如此便陷入惡性循環。

處在成長期的孩子大都比較敏感，取得一點點成績和進步都可以讓他們受到很大的激勵和鼓舞，但一個小小的錯誤也能讓他們受到很大的打擊和挫敗，自甘墮落，從此更加不思進取。在關鍵時刻，孩子是受到父母的激勵鼓舞，還是受到打擊挫敗，是往上走，還是向下滑，至關重要，往往對其一生產生影響。

所以說，父母們千萬不能忽視孩子不愛寫作業這一現象。

為孩子創造一個良好的學習環境

為了孩子在寫作業時能夠集中注意力，能夠有更好的效果，父母應該在家裡為孩子創造良好的學習環境，比如給孩子設立一個書房；在孩子寫作業時，拿走玩具、食物；客廳裡最好不要放音樂或者看電視，實在要看，就把音量調到最小；準備鉛筆盒，裝上橡皮擦等，以免孩子因為找這些工具而影響作業。

讓孩子養成良好的寫作業習慣

如果是孩子學習的習慣不好，父母幫助孩子制定時間表是最好的辦法，剛開始可以制定每天的，然後一週的，逐漸延長。制定時間表一定要和孩子共同討論商定，意見不同時，第一次以孩子為主，例如先玩後寫作業，看效果，效果好，繼續；效果不好，改為父母的建議，例如先寫作業後再玩。

父母不可越俎代庖

孩子在寫作業時，父母只需給予孩子必要的輔導和指導，不可越俎代庖，替孩子代勞，這樣只會造成孩子對父母的依賴，養成非要大人陪伴才肯寫作業的習慣。此外，父母應該支持老師，按老師的規定和要求，對孩子的作業進行抽查。當孩子埋頭於自己作業之中時，父母不要對孩子寫作業中出現的一些問題，跟孩子爭論不休。如果孩子需要，父母可以坐在孩子的身邊陪同他完成作業，讓孩子感覺到和父母在一起寫作業是一種愉快的活動。

作業太潦草：連自己都認不出來的字

模擬現場

近幾年，由於行動網路技術的飛速發展，人類進入行動網路時代，資訊的傳播與交流方式發生了巨大變化，手寫用的筆與鍵盤在爭奪中文書寫的天下。敲擊鍵盤的速度越來越快，學生的字卻越寫越難看。在對一些中小學生的調查中發現，字寫得不好的學生已經占多數。在中文進入電腦及手機以前，字寫的好壞曾被看作為一個人的「門面」，予以足夠的重視。但電腦和中文輸入技術卻使寫字的「必要性」越來越小。現在不僅中小學生，就連父母和老師大都也認為字寫得好不好已經無所謂了。翻開學生的作業，人們總不免感嘆：孩子們的字寫得太潦草了！老師們總認為：現在學生的字似乎一屆不如一屆了，有的字跡潦草，東倒西歪，甚至缺胳膊少腿……總之慘不忍睹。這樣不僅影響學生的學習，不正確的寫字姿勢還會嚴重危害他們的身體健康。

造成這種狀況的原因有四：一是有些學校不重視寫字教學，寫字課往往挪作他用；二是有些教師對學生寫字缺乏嚴格要求，有的甚至放任自流；三是有些教師本人板書潦草，有些字難以辨認；四是個別教師書法知識有限，基本功不紮實，對學生無法指導。另外，現在電腦和手機普及了，用打字列印既快捷又漂亮，所以有些人認為沒有必要花那麼大的力氣去學寫字。

中文是中華文化的載體，是人們互相交流、溝通和傳播資訊的工具，寫好中文應該是對學生的基本要求。寫字既能育德益智，又能養心健體；既能訓練孩子的基本技能，又能培養全面素養。常言道：「文如其人。」文面是否整潔，往往能反映出一個人對學習、對工作的認真程度，也會使別人對自己有個良好的第一印象。老師們也會承認，對於那些書法漂亮、字跡工整、文面整潔的作業或考卷，總會自然而然的多幾分「優待」。低年級學生由於貪玩，往往會潦草的完成作業，作業中經常會出現這樣那樣的錯誤，造成學業成績落後。

總之，對於孩子的寫字問題，父母一定不能忽視。

預防法

在孩子完成作業前，提出適當要求，防止孩子發生潦草完成作業的現象。

換本法

父母不妨試一試讓孩子互相「換本」寫作業。所謂「換本法」寫作業，是指同學之間相互交換作業本做練習，把作業做在同桌或好友的作業本上，每一次換本寫作業之後，必須簽上名，這樣的作業必須對同桌或好友負責，培養孩子的責任感。透過相互交換，相互接觸別的同學的作業本，促使同學間廣泛的相互交流，及時改正學習中的錯誤，形成作業的良性循環，有利於增強孩子的評判水準和自我約束的能力。

「換本法」作業不分優、差，大家都可為別人做榜樣，連平時學習能力比較差的學生，因為作業是做在別的同學的作業本上，要給別人做榜樣，所以也顯得相當的認真。「換本法」寫作業，一般一個星期做一次，宜選新的小節的第一次作業。來看一個案例：趙一虎的作業一直都很粗心、潦草、經常出錯，在老師的推薦下，趙一虎的父母使用了「換本法」寫作業，讓趙一虎和好朋友鄒容交換作業本做一次家庭作業。趙一虎拿到鄒容的作業本後，看見鄒容的作業寫得非常清楚、乾淨，而且想到，鄒容拿到自己的本子後，也會看見這次由他代寫的作業，想到就不好意思。結果，趙一虎這次家庭作業寫得特別認真。當趙一虎拿回自己的作業本後，看見鄒容寫的那頁得了一百分，而且和自己以前的作業比較也差別很大。從此，趙一虎每次寫作業都很認真，不但不粗心了，而且還寫得非常整齊。

對比法

當孩子作業有了一些進步時，用表揚來激勵孩子繼續努力，不斷進步。當孩子出現退步時，用誇獎他以前的好作業來抑制錯誤行為。父母也可以把孩子寫得好的作業和寫得不好的作業進行對比，把兩種作業貼在牆上，讓孩子不斷的進行比較，並提醒孩子認真、仔細。

重寫法

經過多次誘導，孩子還是潦草的完成作業，父母需用強制的方法，讓孩子重寫作業，使孩子重視作業品質。

榜樣法

孩子的模仿能力很強，經常看優秀作業，會激起孩子的進取心。讓孩子在「別的孩子能做到的，我也能做到」的心理支配下，控制自己不良的做法，養成認真完成作業的良好習慣。

寫作業太快：有速度沒品質

模擬現場

輝輝原來的學業成績不好，後來他媽媽把他送進一所知名中學讀國一。媽媽以為有了好的師資力量和教學環境，兒子的成績會有所提高，但是入學一個月後的測驗考試，輝輝的成績仍不理想，月底的一次自然科學測驗他竟然不及格。班導老師打電話給輝輝媽媽，反映輝輝考試時完成答案卷的速度非常快，在完成後大半小時裡不檢查就把試卷丟在一邊，在老師的提示下他才勉強看了幾眼。媽媽平時也發現兒子每次寫作業的速度比以往快了很多，但作業品質卻沒有進步。

學生在寫作業時，應該對自己提出兩點要求：一是寫作業的速度，二是寫作業的品質。

寫作業的速度，即要求解題的效率要高。就是要對自己提出要求，在規定的時間裡完成一定數量的作業，一個很好的方法就是積極主動的參加各科競賽，透過各種途徑訓練速度，使自己的作業和練習做得又快又好。

寫作業太快：有速度沒品質

現在有很大一部分學生寫作業只滿足於按時交作業，滿足於發下來的作業本上都是對勾，至於自己寫作業花了多少時間則很少考慮。日積月累，自己就會變成毫無時間觀念的人，以至於造成考試時間不夠用的現象。例如：許多學生在考試時心慌就是因為不知道自己是否能做完，在做第一項選擇題時就不敢認真的算，怕耽誤時間做不了後面的大題，於是就蒙，就猜，可一旦將結果寫上了，後面時間富裕也就無心檢查了。如果在平時有意識的樹立自己的時間觀念，清楚自己在公司時間的做題量，就能坦然面對考試，就會減少考試焦慮。學生在家寫作業要有一個較為嚴格的時間控制，比如：一節數學課留的作業，就要求在四十五分鐘內完成，在四十五分鐘之內要全神貫注，就像在課上一樣嚴格。這四十五分鐘後你就是休息三十分鐘，也比一邊寫一邊玩六十分鐘要好。因為你心裡有底了，自己能夠在四十五分鐘內完成任務，到考試時就不會因心中沒數而亂了陣腳。

寫作業不僅要求速度，更要保證品質，也就是要做到「準確、規範」。準確，就是要求做題時，爭取「一遍對」。這就要求自己寫作業前做好充分準備，審題沒有誤差，在思維、運算和表達的過程中準確無誤。

規範，就是要求學生在解題時嚴格按照規定的格式進行，書寫要工整，條理要清楚，簡明易看。行要直，邊要齊。要留出必要的空白，使複習時看起來方便、教師批閱時方便、有毛病查起來方便、錯題改起來方便。做到規範的另一個要求就是不要輕易下筆，先把解題思路搞清楚，方法步驟精準，然後再下筆。在平時寫作業的過程中，如果每個學生都能加快速度並且保證高品質，那麼考試中就不會出現做不完或者是錯誤百出的現象，一百分也就不會那麼難得了。

冷靜處理，正面教育

父母不要因為孩子作業品質不高就過度指責，責罰他不僅無濟於事，而且也容易導致不良後果。

寓教於樂，讓孩子在玩樂中明白學習和寫作業的意義

孩子因為愛玩，節假日父母可以陪孩子去玩個夠，遊戲、爬山、打球、下棋等等。在玩的過程中，找機會跟他講些古今名人用功讀書的故事，要孩子向名人學習，學好知識本領才能做好自己喜歡的事。這時候還可以告訴孩子，父母節假日可以去玩，但上班時間不能玩；好孩子課餘時間可以玩，但上課時間不能玩。在玩得高興時，孩子比較容易聽進道理。這樣寓教於樂，使孩子明白學習和寫作業的意義。父母再想辦法加強督促檢查，讓孩子課堂上專心聽講。有能力的父母課後可以陪同孩子複習課堂上所學知識和技能，並指導他認真完成作業。

想辦法激發孩子寫作業的興趣

很多父母常碰到這樣的情況，孩子沒有完成作業，你懲罰他，不如他完成作業時你獎勵他的效果好。當一份作業看起來過多的時候，就把它分成若干份，按份設獎。每當孩子成功完成一部分，你就給他一個獎勵。比如：與孩子約定如果他完成作業的三分之一，將可以有一樣他喜歡的小東西，或一段自由活動的時間。如果完成了作業的一半，可以允許他多看半個小時的電視，或玩遊戲二十分鐘，這樣一來激勵他不斷的努力學習。如果他可以按時完成全部作業交給老師的話，則可以有更多的獎勵。

培養孩子的信心

父母應正視孩子的能力，對學習的要求要循序漸進，當孩子成績下降時，不要一味責罰，應適當加強輔導，並注意培養孩子的學習興趣，鼓勵他克服學習上的困難，使孩子的學業成績逐漸提高。這樣一來信心漸漸有了，寫作業就變得主動了。

不會用工具書：似是而非，不懂裝懂

模擬現場

小敏是一個非常好學的孩子，學習非常努力，成績也不錯。可就是有一個壞毛病，在學習中遇到問題時，不願意查字典或上網查資料，不是用猜的就是直接跳過，不再管這個問題。這個壞毛病在一定程度上拖了小敏的後退，考試的考卷發下來後，他所做錯的題目往往就是一些常識性錯誤，就是因為他平時偷懶不查資料，才導致這種錯誤的出現。

荀子說：「假輿馬者，非利足也，而致千里。假舟楫者，非能水也，而絕江河。君子生非異也，善假於物也。」

這句話的意思是說：善於利用車馬當交通工具的人，並不是因為他的腿腳有多快捷，卻能到達千里之遠。善於利用舟船的人，並非他們會游泳。卻能橫越江河或行走於江河之上。這些聰明的人，並不是他們生來跟大家不一樣，而是他們善於憑藉相關的工具而已。

應該說，工具的發明是人類智慧的展現，是勞動與創造的結晶。人類之所以為人類而高於任何其他動物，正是因為人類在勞動、學習、生活中能夠運用思維與知識，創造發明工具。這些人類發明的工具中，除了荀子所舉的古代交通工具，還有千百年來人們發明製造的生產工具、學習工具。

在我們用於學習的工具中，每一位學生都要接觸和使用的便是工具書——學習中可以當作工具來使用的一種書。

工具書非常多，如語文方面，便有《新華字典》、《現代漢語詞典》、《成語詞典》和更豐富、更完善的《漢語成語大詞典》等，這些工具書，都是我們學習相關知識時不可或缺的工具，就像我們出門要乘車，上天要搭飛機，過河要乘船一樣。每一本工具書，都是這一類相關知識的高度總結和具體闡釋，並教導入如何運用這些知識。如上面所舉的幾種字典、詞典，就集中了語言文字與文學方面的字、詞、音、義和相關知識、成語典故、歷史、文學等等。在學習中遇到相關疑難，只要打開它們，便會得到專家、學者、教師們百問不厭的幫助、講解，讓學生在工具書的幫助下，解惑釋疑，完成作業，增長知識。

要想提高學業成績，最忌這樣一種壞習慣，就是對學習中的問題似是而非，一時不懂，又不願憑藉工具書仔細弄懂，結果不是一時不懂，而是一世不懂，以至在學習與生活中話說錯了，字讀別了，意會錯了還全然不知。比如有的學生，對於「惡」、「好」、「為」這些一字兩音或兩意甚至多音多意的字，總是搞不懂，老是「凶惡」與「可惡」不分，「很好」與「喜好」不分，「為了」與「作為」不分等等。其實，這些都是很容易解決的問題，只要打開工具書，就都會讓人明明白白，可不少孩子就是養不成查閱工具書的好習慣。

有學者們認為，從某種意義上說，知識就是知道怎樣去學習，怎樣去查找，怎樣去運用工具。能正確、熟練的使用工具，知道自己所需要學習的東西在哪裡，這就是知識。專家、學者、科學家能夠從無到有的發明、創造出機器、車輛、飛機、輪船、科學儀器和各種工具，而如果連使用都不會，都不願用的話，那豈不是辜負了這些人類的寶貴財富。

對孩子來說，要擁有必需的工具並不難，難的是是否養成了查閱它、使用它的習慣。

記住，工具必須使用，否則它便會失去價值。不要忘了先哲的教誨：「君子生非異也，善假於物也。」只要善於運用學習的工具，就一定會變得聰明、博學而多才。

讓孩子掌握查資料的方法

怎樣網路查資料、使用字典等工具，在學校裡老師都會教。父母可以適當檢查孩子是否掌握了；不足的話，進行補充教導。

讓孩子自己查閱資料

可以肯定的說，任何一個孩子在學習中都會碰到這樣那樣的疑難，如果是在父母身邊，也許很多父母樂於解答，以為這就是在幫助孩子學習。

但作為父母，首先要看看孩子遇到的疑難屬於哪一類，凡是透過查資料工具能夠解決的，父母最好不要代勞，讓孩子自己使用工具。這有三個好處：一是培養獨立自學能力；二是不養成依賴性；三是形成查資料、使用工具的良好習慣。

為孩子準備工具以外的相關學習資料和參考書

幫助孩子豐富知識，並在獨立的自學中擴充課本以外的相關知識，養成查閱工具書和相關資料的習慣，就是對孩子一生最好的學習指導。父母應該讓孩子明白，一個人僅憑記憶要記住太多的東西實在太難，但查書是不難的，只要知道自己所需要的東西在哪裡能夠找到，這就可以了。做學問、寫作、從事科研工作，光憑模糊的記憶是不行的，記憶有時似是而非，並不可靠。只有查資料方可確保無誤。

告訴孩子別輕信記憶

記憶有時會出錯，有時會張冠李戴，有時會是假象，沒有誰沒被記憶欺騙過。所以，父母要告訴孩子別輕信記憶，尤其是生活中久遠的東西，知識性的東西，需要準確與精確的東西。

第五章　利用木桶原理——彌補學習的缺陷

學習強迫症：太過認真，苛求完美

模擬現場

有一個男孩叫喬喬，今年七歲，上小學一年級，寒假參加了兒童中心的「學習娛樂班」。在第一天同學彼此認識的活動中，喬喬向大家表達自己最喜歡做的事時說，他最喜歡學習。可是喬喬有一個非常奇怪的習慣：在做寫字練習時，總是用橡皮在本上不斷的擦掉剛剛寫好的字，老師問他：「字寫的很好啊，為什麼要擦掉呢？」他說：「不好，這個字有點歪了，寫不好媽媽會生氣。」在平時的活動中，喬喬不知道怎樣和小朋友友好相處，不能遵守大家制定的遊戲規則，因此小朋友們也不願意和他玩。每當這時，喬喬就向同學大吼，搶過同學玩的東西就跑，誰說都不給，自己的情緒非常緊張，無法自控。

在學習中，有的孩子過於認真，凡事都苛求完美，從表面看這類孩子學習很努力，對自己要求很高，很容易被人們讚揚。但是仔細分析會發現，過度認真，追求完美，並不是件好事。這類孩子在寫作業時，經常對自己剛剛寫的字或題目產生疑慮，反覆用橡皮塗改，即使如此，還是不能讓自己滿意，其結果是寫作業磨磨蹭蹭遲遲不能完成。有人把這類孩子的行為叫「橡皮擦症候群」，其實也就是心理學所說的「強迫症」。

孩子在學習上產生強迫症，有孩子性格方面的因素，但最重要還是受父母的影響。

先來看這樣一則小故事：

從前，一個國王讓他手下的一位神箭手射箭，他對神箭手說：我這裡有三枝箭，只要你每根箭射中十環，你就會得到一百兩金子，可是你如果有一箭射不中十環，那你就得死。於是這個箭手懷著又激動又恐懼的心情，射出了前兩枝箭，而且都射中了。可是當他射出第三枝箭的時候，卻恰恰遠離了箭耙。神箭手死了。

這個故事向我們揭示了這樣兩個道理：

其一、強迫、誘惑都會使人偏離心靈成長的軌跡。

其二、完美開始不一定有完美的結局。

現實生活中，有許多父母同上面這位國王類似，對待孩子，他們努力給孩子最好的教育，從孩子還在娘胎裡便設計出孩子將來的完美之路，而且付諸行動，讓胎兒聽音樂，讓胎兒欣賞大自然，讓胎兒專注牆上的靚男俊女，讓胎兒傾聽美文以陶冶情操，謂之胎教。孩子出生後，從幼兒到童年，父母便施展最美好的藍圖。剛牙牙學語時，就讓孩子背誦唐詩宋詞，就讓孩子學英語；稍大點，剛能進幼兒園，就讓孩子學有所專，或繪畫，或練琴，或舞蹈，或下棋，或書法……條件好的或期望值高的父母，讓小小的孩子琴棋書畫樣樣都來。上小學後，孩子功課必須得好，一技之長不能丟，還得學門外語，還得精於奧林匹克，帶著孩子東奔名師西奔考試。父母矢志不渝，孩子疲於奔命。

在父母完美苛求中成長的孩子，往往做事認真，成績超人，是父母和老師的驕傲。但是，進入青春期後，長期形成的完美習慣就會變本加厲，導致強迫症。有的孩子寫作業稍有塗改，就全部撕掉重做；做題速度越來越慢，一遍又一遍的反覆檢查，甚至考試時做不完題目；更有甚者，因為走在路上反覆數腳下的地磚而經常遲到。

青春期不僅是孩子生理上的發育階段，也是心理上的轉折階段。隨著青少年自我意識的發展，一些少男少女開始變得對自己不滿意了，無論身材、長相，還是學識能力，他們總覺得自己不如別人，希望能透過努力使自己在各方各面都變得更好、更完美。而父母完美主義的教育，就更加促使孩子產生不實際的苛求完美的心理，使孩子對自我的價值心存疑惑，無論做得多麼好，他們都不相信自己，這種認知習慣一旦固定下來，就會形成惡性循環，最終導致一種強迫性人格的形成。

尊重孩子，允許孩子按照自己的意圖做事

尊重孩子的意願，把孩子看成是具有獨立人格的個體，鼓勵孩子大膽表達自己的意願。允許有分歧，父母不可獨斷專行，對孩子實施暴力更是只能達到相反

的作用。

教育孩子凡事只求盡力，不求完美

父母首先自己要做到：對孩子寬容，不苛求，不指責，在孩子面前敢於承認自己的失誤；教育孩子做人不要過於苛求自己，要學會寬容自己，寬容他人，要知道做任何事情都不可能盡善盡美，只要付出了努力，盡自己的努力去做，就行了。

培養孩子的獨立人格

凡具有強迫症傾向的孩子，一般自我意識發展比較弱，有順從、膽小、自信心不足等明顯的性格特點。父母要肯定孩子的獨立見解，讓孩子懂得，父母的建議不一定要完全服從，要強調孩子的優勢，讓孩子看到自己的優勢，產生自信。鼓勵孩子經常與朋友們交往，交往的過程就是鍛鍊孩子獨立思考、判斷及處理人際關係的最好時機。

及時與孩子溝通

對待孩子的過度認真，父母不要誤認為是優點而盲目的加以表揚；對出現的問題，要及時找出原因，及時與孩子溝通，了解孩子的想法，發現孩子潛在的問題。父母在表達自己的想法時，要心平氣和，尤其不要向孩子發無名火。您的心情不舒暢也許來自其他原因，回家看到孩子的一點問題就把氣出到孩子身上，這只能導致矛盾的產生，加重孩子的心理壓力，解決不了實際問題。

對待孩子產生的問題，要心平氣和，就事論事，指責和體罰只會加重孩子的強迫症狀，阻礙父母與孩子的正常溝通。

粗心大意：走馬看花，丟三落四

模擬現場

讓人歡喜讓人憂的期末考試終於結束了，小星一臉的燦爛，自認為可以長長的舒一口氣了，因為他認為題目較簡單，他都答出來了，因此，心情格外輕鬆。

考試後的第二天下午，小星急急的去老師那裡看分數，僅隔了十幾分鐘，小星就一臉沮喪的來到媽媽的房間，他悶聲不響的坐在那裡生悶氣。從他那苦悶的表情中，媽媽猜想小星有可能考差了。

「媽媽，我這次數學沒考好，才考了八十七分。」小星一臉不樂意的說。

「數學不是你的強項嗎？怎麼會考差呢？」媽媽不解的問。

「我也不知道，我還認為題目很簡單呢。」

「那我們去看看到底錯在哪裡了？」於是，媽媽陪著小星來到數學老師處，翻看著卷子。原來錯誤都在細節上，一道題把一個數字抄錯，另一道題一個運運算元號抄錯了，還有一道需要驗算的，結果寫答案時把驗算的答案抄上去了。

媽媽與數學老師一起幫小星分析著原因，大家都為小星的失分感到惋惜。因為小星把後面的難題全做出來了，大家理所當然的認為他應該得高分。

很顯然，小星之所以考的不理想，其最大的原因就是粗心。所謂粗心，從心理學分析，就是指自己理解且會做的事情，由於不仔細而出現的差錯。值得父母們注意的是，如果粗心形成習慣，成為一種性格缺陷，對一個人的影響是很大的。如在升學、畢業這類大型考試中，因為粗心而導致失敗，最終個人失去升學的機會，家人多年的付出也會付之東流；或在工作職位上由於粗心粗心造成重大事故，給國家和團體帶來一定的損失，自己也被處罰，這是誰都不願意看到的事情。

孩子成績無法提高的原因之一，就在於粗心大意，不信，看看他們的考卷就知道了。

明明有實力，卻為了一點疏忽而無法提高成績，對孩子不用說，一定很難過；對父母來說，也覺得非常遺憾。因而要孩子去補習，以便多練習做試題。可是，多接受模擬考試，並不能防止這種粗心大意造成的疏忽。

疏忽的原因，其實在於太鑽進問題的細小部分，也就是被問題淹沒了。

以數學來說，如果精神太集中於細小部分的計算，結果反而疏忽了幾位數或小數點。因此平常明明會做的題目，到了考試的時候卻答錯了。這就是俗話所說的「見樹不見林」。

對於經常犯這種粗心大意毛病的孩子，與其讓他們多接受考試的機會，不如訓練他們在平常讀書時養成「見林」的習慣。例如：當他們練習計算時，先讓他們對答案的方向心裡大致有個譜，也就是先讓他們「看見森林」，其次才讓他們仔細看每一棵「樹」，即進入細小部分的計算作業。這樣做相信對孩子有很大的益處。

增強孩子對學習的責任感

增強孩子對學習的責任感，即讓孩子懂得如何認真正確的做好身邊的每一件事，培養良好的學習習慣，能合理的安排自己的學習時間和學習進度，這樣才能更好的激勵自己不斷進步。

要求孩子重視基本知識和基礎概念的學習

我們大家都懂得這樣一個道理：學得好不一定考得好，但學得不好就一定考得不好。有些孩子在學習中出現差錯，不一定就是他的粗心粗心所致，實際上是他對一些基本知識沒有真正掌握，或缺少相對的基礎知識訓練。因此，父母要督促孩子認真聽懂、認真上每一節課，不懂就問老師，不要留尾巴；作業要及時、準確、快速、獨立的完成；如果出錯，就要立即重做改正。長期堅持就一定會有好的結果。

要教孩子一些必要的應試技巧

考試時，有許多孩子比較緊張，即使平時學習很好也會導致考試失敗，這主要是和孩子不會調節自己的情緒有關。一般來講，學生不善於調節自己緊張情緒的表現有兩種：一是對較容易的題目放鬆警惕，常在沒有看清題目要求的情況下急忙做題，結果答錯題；一種是一看到自己複習時沒有見過的所謂「難」題，心裡一下子特別緊張起來，甚至大腦出現一片空白。

這都是孩子對自己不自信的表現。正確的應試方法應該是：自信的走進考場，試卷發下來之後，先整體瀏覽一遍，將自己在複習中已熟練掌握的題目、簡單的、自己會做的題目先做，一時不會做的題目留在後面做。等自己完全有把握得到的分數全部得到之後，再從容的處理那些「難」題。如果孩子實在做不出來也不要緊張，父母可以勸孩子這樣想：「我做不出來，也許別人也做不出來。」這樣他就會很冷靜的繼續思考，說不定真還能做出來。

要培養孩子認真仔細的習慣

比如：辨認錯誤圖形訓練，讓孩子根據給出的正確圖形，在許多相似的圖形中找出錯誤的圖形，這對要運用識圖繪圖的數理化等學科和學習有一定的幫助。還可進行文字連線訓練，這對孩子的語文、外語等文科學科的學習很有幫助。父母可以採取特殊的方式，幫助孩子改正錯誤。父母們可以讓孩子準備一個改錯本，經常帶在身邊，讓孩子注意收集自己在平時學習中的一些錯句、病句、錯字、錯題，集中針對錯誤，進行改錯訓練，這些補救措施可以讓孩子透過反覆對比和辨別，避免易錯的地方反覆出現。

以上這些幫助孩子克服粗心粗心毛病的方法，父母們不妨試試看。事實上，只要父母教育引導得法，只要孩子有決心改掉這個毛病，總有一天，粗心的壞毛病是會離孩子而去的。

偏科：一條腿走路，怎麼能不摔倒

模擬現場

「媽媽，我一點都不喜歡上數學課，老是記不住公式，太討厭了！我可不可以不學它呀？」兒子在跟媽媽抱怨。「那怎麼可以呢？數學很重要。」媽媽邊做家事邊與兒子說話。除了數學外，兒子其他學科的成績都很優秀，只對數學一點不感興趣，老是說記不住公式，不會解題。父母給他買了許多參考書，還特意請來數學家教，可是兒子的數學成績並沒有因此而提高多少。

偏科是個老生常談的問題，似乎沒有什麼智慧和德行上的大問題，但是卻有很大的殺傷力，使孩子無可奈何的輸在總平均以下。

個人的能力結構有其不同的特點，這是無法改變的事實。但是現行的教育模式卻要求學生各科成績不能相差太大，這樣才相對出現了偏科現象。

偏科有能力結構問題，更主要的是被心理因素強化。一開始，學生出於本能，對自己相對熟悉的知識感興趣，而疏遠那些不怎麼喜歡的知識，但是到了考試時，這種疏遠便造成惡果——一些科目的成績就會相對的差一些。於是父母就會來檢查、指責，甚至辱罵，而孩子就討厭、生氣或者自責。這樣的事情發生多了，孩子就對不喜歡、沒有感覺的課程產生心理阻抗，偏科現象也就更為嚴重。

這種心理阻抗既有能力上的，孩子確實不喜歡，不投入，迴避它；但是更多是心理上的，他會覺得這是他的麻煩，父母和老師因此而批評他，他自己也找不到好感覺，他的心理上也因為焦慮產生負面暗示：自己是學不好這門課了……或者，他對父母和某任課老師不滿，以此作為對抗的方法。或者，他希望以此作為引起師長關心的事件，因為他很寂寞……

不管怎麼說，偏科對於任何一個學生來說，都是很致命的弱點。如果偏科，就會在知識上產生缺陷，在學科方面出現「跛腿」現象。這樣不但會影響孩子考試的總成績，還會給他以後的工作帶來很大的不利。比如：有的孩子不喜歡學國語，以後在工作中，可能連一個小小的結論都不會寫。另外，偏科還會影響其他學科的學習，因為各門學科是相互聯繫的，缺一就會覺得不協調。

為了加深對偏科現象的認識，我們再來聽幾位偏科明顯的同學就自己偏科的時間、成因和認識等進行的分析：

同學甲：文學作品有一種特殊的魅力，我喜歡裡面的故事，每當看著一本小說時，我便沉醉於其中，那是一種美的享受，對理科可就沒有那種感受……

同學乙：在國中，我有一位非常好的數學老師。他待人非常誠懇，課餘時間常與我們一起討論研究數學問題。在他的感染下，我覺得學習數學是一種樂趣。但對於國語，除了上課聽一下，就置之不理了。再加上後來調來的一位新國語老師，我很難與她適應，而她又對我們不嚴格，自然成績就一落千丈，於是就不愛學國語了……

同學丙：我上了國中，校園裡最流行的一句話「學好數理化，走遍天下也不怕」。我覺得這句話很有道理，於是一直愛理科的我就完全投入到理科之中，對文科自然就冷淡了。

同學丁：我剛上國中時，常聽高年級學生說，國二理化很難，上國二後，發現理化的確太難，加上心理壓力很大，所以就跟不上了……

由此可見，形成偏科的原因往往有很多，而且也較為複雜。中小學生正處在形象思維和抽象思維的過渡時期，特別容易對一些較形象的科目感興趣。同時，老師個人素養的高低，責任心的強弱，也會直接影響學生對此科目的喜愛與厭惡；再則，社會思潮也會直接滲入到孩子的學習中。比如：「學好數理化，走遍天下也不怕」這句話，恐怕就影響了不少孩子。

所以，對於孩子的偏科問題，父母要先找出原因，再針對性的去幫助孩子解決。

向孩子闡明「偏科」的危害

父母應孩子講明：偏廢任何一門課程，就像修建高樓大廈時地基缺了幾樣關鍵的東西，其後果的嚴重性是可想而知的。

對孩子有信心

父母應這樣想，既然孩子數學成績能在全班名列前茅，這說明他的智力水準並不低，一定有學好其他科目的潛能，相信孩子一定能學好其他科目。

激發孩子對學科的興趣

興趣是最大的動力，如果你對某一門課不感興趣，就會把學習看成是一種負擔，一件苦差事，當然就不會有好的學習效果。因此，父母應想方設法激發孩子對學科的興趣。

熱情的輔導孩子的「非優勢學科」

父母在輔導孩子的「非優勢學科」時，應善於發現孩子的點滴進步，及時予以肯定和鼓勵，激發孩子對該學科的興趣，增強信心。這樣長期堅持下去，孩子學習「偏科」的問題就會逐漸得到解決。

克服孩子的恐懼心理

有些孩子，某一門功課比較差，一提起學那門課就害怕，就不想學。其實，當你害怕做某事時，並不能代表你就缺乏這方面的才能，而是你解決這方面問題的能力比較弱。或許，你很有這方面的潛能，只是由於害怕而使你的潛能沒有發揮出來。

妨礙孩子發揮潛能的正是他們對某一門課的恐懼心理。比如孩子在某門課中有一兩次成績很低，因而對這門課產生了恐懼心理，在恐懼的支配下，逃避學這門課，從而使自己在這方面的潛能無法發揮出來。日久天長，就會造成這門課的成績越來越差。

其實，孩子恐懼的事情肯定是他的潛能所在，也一定是他提高最快、進步最大的領域。因此，如果孩子害怕英語，就讓他立刻背單字、讀句型吧，你會發現，那些恐懼很快就會煙消雲散。

改善孩子的學習環境，積極和老師進行有效溝通

孩子對某個老師喜歡與否，會直接影響他對該科的情感。有的孩子偏科是由於孩子與某學科老師的關係不好而造成的，如果是這樣，父母應與任課老師或班導密切配合，並請求必要的關照。

要有耐心，了解孩子的真實想法

糾正偏科現象需要一個漫長的過程，父母應對孩子有耐心，對孩子多一點欣賞和鼓勵，少一點責難和苛求，長期堅持下去，孩子「偏科」的問題就會逐漸得到解決。

父母要爭取做孩子的知心朋友，多了解孩子的真實想法，同時找任課教師了解孩子在學習中的具體表現。根據實際情況，採取切實有效的措施來幫助孩子。

指導孩子掌握正確的學習方法

如果孩子是由於對某門課程的學習方法不正確而學習效果不佳，以至於造成學習興趣不濃而產生偏科現象。父母在幫助孩子提高成績的同時，最好能與孩子一起探討一些關於這門課的學習方法，必要的時候可以向專家諮詢，學一些教育和心理學的知識，掌握科學有效的學習方法，以幫助孩子提高學習效率，增強自信。

學習效率低：努力了，成績卻沒變好

模擬現場

辰辰下半年就要上國三了，可是，英語成績卻一直在及格線上下徘徊，老師認為主要原因是單字量太少，文法也不佳。焦急的父母整天逼著辰辰多看單字表，記憶單字，並且買了大量的文法書讓辰辰看，甚至為辰辰請了一個英語家教。但效果都不明顯。問題出在哪裡呢？

孩子們學業成績的好壞，差別並不在於學習時間的長短，而在於學習效率的高低。學習的目的是對知識的掌握和熟練運用，一切學習方法都是為這個目的服務的。而從這個角度衡量，現有的課堂教學方式並不是效率最高的做法。教育專家認為，自學和親子教育才是提高學習效率最好做法。

很明顯的一點是，孩子和老師的感情聯繫，通常不像和父母那樣強烈，在課堂上的注意力，也不像在家裡那麼集中。這就說明，由父母進行親子教學，在效率上要比上課聽講更高。

學習的另一個目的，是讓孩子掌握自學的能力。從自學的角度衡量，以大多數孩子的理解能力和智力水準，完全可以自行閱讀教科書和參考書。而且這是一個連貫的思維過程，是一種智力上的探索，不會被外界因素所干擾。與課堂教學相比，效果只會更好，效率只會更高。

一位母親在信中寫到：

女兒的暑假作業中，出現了正方體和長方體方面的題目，這是小學六年級的內容，我先賣了個關子，對她說：「等六年級再說吧，其實二十分鐘就能學會。」孩子一聽興趣來了，說，「媽媽，你不是說笨鳥先飛嗎？我就當一回笨鳥吧。」我們一起分析長方體的表面積，她自己很快就總結出了定理。我再把參考書翻開，上面明確說這一段需要五堂課時，而我們只花了幾分鐘，而且她總結出的東西，與書中僅有些微文字上的差異。這使她大受鼓舞。我和孩子現在在輕鬆、愉快中學習，我堅信只要我不灰心，堅持下去，奇蹟終究會出現。

這個例子恰恰證實了，自學和親子教育，有著怎樣強大的威力。

所以說，在父母的幫助設計下，孩子才最容易找到最有效率的學習方法。為了讓孩子在國立大學眼中顯得「特殊」，也為了孩子今後的成長，一位留美中學生的父親是這樣幫助孩子設計的：

許多父母為孩子選擇醫學專業，是因為醫生的收入高。不過我為女兒選擇醫學時，向她強調的原始動機不同，是為了治病救人。學醫其實不應以追求高收入為出發點。我們首先需要對孩子培養的，是一種現在就趨穩定的學術基礎。

今年暑假我就讓女兒到醫學院實驗室實習，以後又去醫院病區與醫學生一起進行臨床見習。她們學校有心血管病科學研究課，我就指導她設計一個「課題」。這是一種治療心血管病的基因治療藥物，如果成功，就能夠改變現有的心血管病藥物的諸多局限，例如只作用於局部表象、藥效不能長期維持、停藥會引起症狀反彈、長期使用又有抗藥性。這藥能在使用一個療程以後，就保持終身的藥效。課題進程安排是，在高中的迷你課題中完成質粒構建，大學暑假實習期間完成蛋白質包裝，醫學生階段因為可申請學生課題經費資助，就能完成動物實驗，住院醫生培訓期間，就能夠進入臨床試驗。當然，這是要申請專利的，今後是進入商業產業界的基礎和本錢。

美國高中生還有種「英特爾獎」，這個獎項主要是獎勵高中生的發明創造。孩子能屢屢拿到「奧林匹克」的冠軍，卻在數十年中，對這個獎項年年是全軍皆沒。近年有些父母試圖將自己的科研項目「移植」給孩子，去爭取「英特爾獎」，能進入前四十名的孩子是多了起來。但是進入前十名這關又過不去。因為有一個環節是要進行課題答辯的，父母當然不能陪著去，這樣一來，許多孩子又是大敗而回。我的原則是絕對鼓勵女兒逆風而上，但同時也深信，她在這個方面已經具備了這個專業的知識基礎，能突破這一關。

這位父親真是用心良苦，在中學階段就著手培養孩子的學術基礎和獨創成果，如果能成功，孩子的一生就有了安身立命的本錢。當他的孩子明確了自己的發展方向，必然會對眼前的學習付出更多努力。而更遠的目標和更大的成就感，也必然會形成一種積極的心理暗示，促使她更嚴格的要求自己，不斷追求更高的學習效率。

對於重點難點，親自給孩子講解

那些不易掌握、容易錯的內容，父母可以先自學一遍，再給孩子講解。這既可以加深孩子的理解，又能幫助父母掌握孩子的情況，還能在雙方的討論中，促使新知識和老知識融會貫通在一起。

當孩子「卡彈」時，與他並肩作戰

一次「卡彈」，不只當時會耽誤孩子的時間，事後也能降低孩子的信心和學習效率。當孩子撓頭的時候，父母應該立刻過去，陪他一起分析和解決問題。這能增強孩子戰勝困難的信心，提高學習效率。

培養孩子的自學能力

父母應該鼓勵孩子自學，對於難以理解的知識，透過工具書和網路來查找相關資料。自學能使孩子越學越愛學，而且效率更高，知識掌握得更全面，並且把相關知識都能連成一個有機整體。

幫孩子樹立遠大目標

父母可以經常和孩子談論未來，幫孩子找到自己的長遠目標，這就能讓孩子真正懂得今天的學習是為了什麼，從而增強上進心，提高學習效率。

讓孩子從學習中找樂趣

樂趣會讓學習的效率更高，所以，可以讓孩子從學習中找樂趣。這樣，孩子就會注意到原來沒有發現的有趣之處，對知識會記得更牢。

不愛運動：身體拖累學業成績

模擬現場

孔子的得意門生顏回，是很「好學」的人，人也聰明，能「聞一以知十」，但他不注意鍛鍊身體，二十九歲頭髮就白了，三十一歲就不幸去世了。唐朝著名文學家韓愈年輕時，「口不絕於陸藝之文，手不停披於百家之編」，但未到四十歲就成了「視茫茫」、「茫茫」的老夫子了。

有個理論叫做：七加一大於八。就是七個小時的學習加一個小時的鍛鍊，效果絕對大於八個小時的學習效果。這也是科學驗證出來的一個道理。道理很簡單，身體有活力了，狀態好了，學習效率會加倍提高。

人們常說：身體是本錢。的確，沒有一個好的身體，一切都將失去意義，若想創造成功的人生，首先就要管好自己的身體，擁有健康的體魄和心理。

「健全的心靈寓於健康的身體。」這句格言可以追溯到羅馬時代，而且歷久彌新，到今天仍然適用。生命在於運動，人若不動，也就不能生存，更不能成為有思維有感情的高級動物，對孩子來說，運動更是必不可少的，孩子勤於運動，有一個好的身體，他就會覺得每天的陽光都很燦爛，會覺得每一個人都很可愛，會覺得生活中處處都是美，會覺得活著就是最大的幸福。

科學告訴我們：大腦是學習的機器，只有機器好，學習效率才會高。就是說，要想保持好的學業成績，每天進行適當的體能鍛鍊是必不可少的。據醫學研究，人腦全部血管的長度可達一百多公里。對腦力勞動者來說，長時間用腦就會使大腦供氧不足，記憶力下降。而適當的體能鍛鍊不僅可以給大腦補充氧氣，保持腦子高效率的思考問題，還可以強健人的體魄，振奮人的精神，甚至還可以增進人與人之間的友誼。

文武雙全並用相得益彰的例子是很多的。宋朝著名愛國主義詩人陸游，從少年時代起，就不僅刻苦發憤讀書，而且特別喜歡舞劍，經常與友人「倚松論劍」，曾獨自仗劍在南鄭山中刺死老虎。他活了八十五歲，留下九千多首詩篇，其中有許多是他晚年寫的。一代詩聖杜甫，從小就喜歡體能活動，他曾經寫到：「憶年十五心尚孩，健如黃犢走複來，庭前八月梨棗熟，一日上樹能前回。」到了晚年他仍然喜歡打秋千，漫遊山川等體育活動。英國劇作家蕭伯納，經常游泳、跑步、騎自行車、打拳，他說：「我小時候沒有過人的智慧，是憑下苦功夫堅持在智力和體能兩方面的鍛鍊而成為作家的。」

居禮夫人有句名言：「科學的基礎是健康的身體。」她堅決不給女兒留下財產，卻很注意兩個女兒的健康。在她看來，女兒有了健康的體魄，才能為人類的幸福事業做出貢獻，這才是無可比擬的寶貴遺產。她常常帶孩子去遠遊，夏天帶孩子去游泳，秋天又帶孩子去爬山。在這位母親的科學培養下，大女兒在一九三五年為居禮家族榮獲了第三次諾貝爾獎，小女兒也在音樂上取得了成就。

與此同時，在歷史上只強調勤奮讀書，不注意體能鍛鍊的教訓也確實不少。孔子的得意門生顏回，是很「好學」的人，人也聰明，能「聞一以知十」，但他不注重鍛鍊身體，二十九歲頭髮就白了，三十一歲就不幸去世了。唐朝著名文學家韓愈年輕時，「口不絕於陸藝之文，手不停披於百家之編」，但未到四十歲就成了「視茫茫」、「髮茫茫」的老夫子了。

正反兩方面的事例說明：磨刀不誤砍柴工，適當參加體能鍛鍊，不僅不是浪費時間，而且能為人們贏得時間和效率。中小學生正處於身體快速發育的階段，鍛鍊對於健康的意義就顯得更加重要。也許，你的孩子會說，我們每天的學習那麼緊張，根本沒有時間鍛鍊身體。其實，學習和鍛鍊並不矛盾。因為，運動時腦細胞的活動有所轉換，管體育活動的腦細胞興奮，管思考的腦細胞得到休息，有助於消除大腦的疲勞。文武之道，一張一弛，體育活動實際上是一種積極的休息。

制定有效的體能鍛鍊計畫

讓孩子自己制定一個體能鍛鍊的計畫，列出體能鍛鍊的時間表（也可在學期計畫裡單列一條）。要在計畫裡明確體能鍛鍊的目標和內容，規定鍛鍊的次數和時間，如規定每天早上六點起床做操或跑步，每天下午放學後打球或下棋等等。在制定計畫時要從自己的實際出發，合理安排，循序漸進。運動量要由小到大，逐漸增加。動作由簡單到複雜，由易到難，使自己的身體有個逐漸適應的過程。制定計畫時，在考慮到自己的興趣、特點的基礎上，還應堅持各種運動項目的全面鍛鍊，使自己在力量、速度、靈敏、耐力等方面都得到發展，使身體各器官系統的形態和生理功能得到均衡的發展和全面的改善。在制定體能鍛鍊計畫時，還可請老師、父母甚至同學當參謀。

持之以恆，將運動當成一種習慣

為了增強素養體能，大概每個人都曾經設想過要好好鍛鍊身體。但是，「三天打魚，兩天晒網」的鍛鍊習慣不僅使體質沒有得到根本的改變，反而逐漸養成了做事一拖再拖、說話不算數的壞習慣。要獲得好的鍛鍊效果，就必須長期堅持，養成每天鍛鍊身體的好習慣，才能從鍛鍊中收到很好的效果。因此，在孩子有了體能鍛鍊的計畫後，父母就一定要監督他落實好計畫，關鍵要讓孩子做到兩點：一是自身要有堅強意志，要有堅持到底的毅力，不要因為學習忙沒時間，體能鍛鍊太苦太累，鍛鍊成效不大就半途而廢；二是可請老師、同學、父母定期或不定期檢查、督促自己落實體能鍛鍊計畫。有條件的，還可請老師、父母或同學共同參與你的體能鍛鍊活動。

上好兩課，做好兩操

在學校裡，首先，要認真上好體育課和生理衛生課。體育課是國家安排的必修課，不僅可以鍛鍊身體，還可掌握體能鍛鍊的技能與方法。其次，是要認真做好課間操和眼保健操，做兩操時動作要準確，不要隨便應付了事。再次，就是要積極自覺的鍛鍊身體，不要以作業多為理由而放鬆。要知道，與其馬馬虎虎對待，不如積極認真鍛鍊，達到健身的目的。

課外時間要充分利用

（一）室內新鮮空氣少，長時間的學習會增加腦力活動的負擔，因此要多到活動戶外活動。如下課時到操場上走走，晚餐後和父母外出散步，假日裡到郊外踏青等。

（二）在家裡置辦一些體育活動用具。如羽毛球拍、乒乓球拍、小啞鈴等，在學習的中途，起身活動一下。

（三）週末或者晚上，可以多到戶外去鍛鍊，和爸爸媽媽一起打羽毛球、散步，或者利用社區裡的健身器材活動一下，既可以鍛鍊身體，又增加了和父母溝通的機會。

（四）積極參加學校或校外組織的體育活動和體育比賽。

掌握體育技能，提高運動實效

體育不是一種單純的體力活動，只有在鍛鍊過程中注意學習知識和掌握技術，才能提高體能鍛鍊的成效。一是要掌握一些常見運動項目的知識和技術，比如：鍛鍊前應做哪些準備活動、體育運動後應做哪些調整活動，又比如跑步的起跑、加速跑、途中跑、彎道跑、終點衝刺要注意些什麼，打籃球的傳接球、帶球突破、投籃、防守要掌握哪些要點。二是要了解常見體育運動項目的特點，從而知道自己適合哪些運動項目。如果自己身體發育水準較低，心臟承受能力差，那麼就不宜做長跑、舉重、吊環、長時間倒立等運動項目，而應當選擇那些負荷較輕、歡暢活潑的運動項目，如遊戲、簡易體操、小球類等。三是要知道一些最基本的體育比賽規則，如起跑時要聽口令，打球時不能撞人，遊戲時不能出線等等，這些是保證體育比賽順利進行的基本條件。

網路成癮：沉迷線上遊戲，成績一落千丈

模擬現場

網路這把「雙刃劍」正在無情的吞噬著青少年的身心健康。為上網而蹺課、離家出走、搶劫甚至猝死網咖的事件也屢屢發生，很多優秀的學生就是因為沉迷網路遊戲而導致學業成績一落千丈。面對孩子上網成癮，有些父母非打及罵，結果卻導致孩子自暴自棄，有些父母企圖用眼淚感化孩子，卻效果甚微。

孩子的天性之一就是具有強烈的好奇心、愛玩，在這個網路異常發達的時代，網路聊天、電腦遊戲、手機遊戲等成了很多孩子的最愛。其實，不用說孩子，對成年人來說，網路的誘惑力也是非常大的。

對於孩子上網這件事，父母一定要慎重對待，如果孩子是上網查資料或者學習一些有益的知識，那自然是好事情，但如果是為了玩遊戲、和網友聊天甚或是另外一些不健康的目的，那父母就得慎重對待了，要注意，千萬別讓孩子玩上了癮，一旦形成網路成癮會給孩子帶來很大的危害，網路成癮不僅會導致孩子的學業成績大幅度下降，嚴重的還會讓孩子迷失生活方向。

香港著名心理學家岳曉東博士曾在一次講座上憂心忡忡的大聲疾呼：「現在多少孩子打遊戲就像抽鴉片，去網咖就像去當年的鴉片館，網路成癮破壞孩子的身體健康、心靈健康，造就的是社會負擔。如果放任自流，不加干預，青少年網路成癮即將帶來的社會危害絕對不亞於第三次鴉片戰爭！」

這絕對不是岳博士的危言聳聽，透過我們在模擬現場中所給出的資料就可以看出。那麼，網路成癮具體有那些危害呢？

(一)網路成癮對孩子的身體健康有嚴重的影響。孩子過多玩電腦及滑手機，會引起頸椎病變，會導致孩子的視力下降、目光呆滯、聽力下降等。更嚴重者，會黃斑部病變、頭昏眼花、疲乏無力、食慾不振等。這一切都是孩子長時間玩電腦和手機所引起的。

(二)造成孩子情感淡漠。有網路成癮的孩子對網友如膠似漆，相比之下對有血肉聯繫的親人則顯得冷漠。網路成癮者情緒低落時也不向家人和朋友表露，把情緒隱藏起來，轉而在網路傾吐和宣洩。另外網路成癮者由於家人對其上網的限制而與家人時常發生衝突。

(三)網路成癮產生了極壞的社會影響。有的學生為了上網，去偷甚至去搶低年級學生的錢，偷父母和老師的東西拿去變賣。有的甚至因為父母不給錢，把父母打得遍體鱗傷，給社會帶來極壞的影響。

(四)網路成癮對家庭也有一定的影響。孩子的精力都在網路上，學業成績急劇下降，父母擔心、憂慮，卻無計可施。有的父母會因子女上網成癮相互埋怨造成感情不和，甚至離異。

以上是網路成癮對孩子的危害，再了解這些以後，我們再來看看父母採取怎樣的措施才能有效的幫助有網路成癮的孩子。

讓孩子正視電腦和滑手機的用途和危害

要告訴孩子電腦和滑手機的真正用途，必要時可以專門請一位專業人士為孩子做指導。另一方面，父母要讓孩子明白，長期處於網路裡會使人迷失於虛擬世界，自我封閉，與現實世界產生隔閡，嚴重影響學習，使孩子正確認識網路對身體健康的危害。

監督孩子的上網時間，為孩子制定上網計畫

孩子的自制力一般較差，往往容易沉溺於網路而不能自拔，因此，父母要嚴格的監督孩子的上網時間。父母可以給孩子制定嚴格的計畫，讓孩子逐漸成為網路的主人，而不僅僅是依賴於網路。在時間的控制上父母要正確的引導孩子，耐心的跟孩子講解掌握上網時間的重要性。

培養孩子良好的上網習慣

俗話說：「習慣成自然。」父母在孩子剛接觸網路時就要培養孩子良好的習慣，讓孩子能夠在無人監管的情況下自覺的下線，自覺的脫離電腦和滑手機。當然，孩子的自制力大都比較差，這就需要父母從制定規則開始，耐心的教導孩子，幫助孩子提高自制力。

讓孩子學會帶著任務上網

父母要讓孩子明白，上網應當是一種學習方式，既是課堂上學習的補充，又是課外視野的擴展。每次上網前都應該有明確的學習目標，或是製作網頁，或是查找資料，或是探討問題……孩子有了明確的目標和任務，上網時就會專注於自己的目標和任務而不至於迷失自我了。

不喜歡英語：不學ＡＢＣ，照當接班人

模擬現場

「我家孩子上國一，就是不喜歡英語，還問老師為什麼要學英語，老師說外國的技術先進，而要學習外國的先進技術，就得先學會外語。但他並不贊同老師的看法，反而更對英語及其老師產生了排斥感。」這是一位焦急的母親遇到的難題。

孩子為什麼不願意學習英語？這裡有兩個最根本的原因：一是孩子小，不知道為什麼一個天天講中文的人非要學英語；二是「學」英語對孩子來說太枯燥了。

針對這兩個原因我們向父母提出以下建議，供大家參考。

首無，告訴孩子，英語是全世界的語言。

現在的孩子成熟早，都有理想，都懂得「全球化」已經深入我們的生活。這時我們要告訴孩子：英語是世界上使用最廣泛的語言，世界上每七個人就有一個會說英語；世界上百分之五十的書籍和百分之七十五的國際郵件是用英語寫的，世界上百分之九十以上的科研論文都是用英語發表的。要去別的國家旅遊、學習、工作、生活，就要學會講全球通用的英語。

事實上，如果老師或者父母不能告訴一個可以讓孩子信服的理由，那孩子便很難主動喜歡上英語。

其次，告訴孩子，英語成績對其他科目的成績有著巨大影響。

孩子不喜歡英語，英語成績差，不是一件小事，如果不及時補救，小孩對英語學習會慢慢失去興趣。那時候要補救就更難，甚至來不及了。英語成績差還會發生連鎖反應，會使孩子在學習上產生自卑感，影響其他各科的成績，甚至自暴自棄，不可收拾。據調查說明，孩子在中學裡英語的成績和各科成績的平均成績非常近似。也就是說，英語成績好，其他各科成績也多是好的。英語成績差，其他各科成績也多半是差的。因此，想辦法保持孩子較高的英語成績是明智之舉。一些英語成績中等的學生，隨時都有掉隊的可能，也應該及早採取防範措施。

孩子的英語跟不上，開始時往往是由於聽說能力跟不上。在課堂上越來越聽不懂老師講的英語，自己越來越說不出英語。老師用英語提問，站起來老是答不上。出了洋相，有時候還受到同學的譏笑。造成英語學習上極大的壓力。一時跟不上，以後的距離就越拉越大，以致害怕上英語課，對英語完全失去了興趣。

孩子的英語口語水準怎麼會落下來的呢？最最主要的原因是對學過的英語口語句型不熟練。由於常用句型不熟練，便不能流利的講英語。學英語新句子就得一句句的死記硬背，以致學英語口語會感到越學越難。有些人大學畢業了還是不能開口講英語，原因就是基本英語口語句型不熟練。

總之，英語學習是循序漸進的，是一環扣一環的。如果基礎的一環（基本句型）沒有學好，就會影響以後各環的學習。甚至學不下去。孩子英語成績落後，應趁小孩對英語還沒有失去興趣之前進行補救補課，這才是上策。

從動力定型入手提高孩子的英語聽力水準

我們知道，大腦皮質對人的連續活動都會形成完整、自動化的反應系統，即形成動力定型。人的熟練動作、技巧、技能和知識經驗，如騎自行車、開汽車、運用乘法口訣表等，都是動力定型的表現。當動力定型得以維持的時候，孩子會有容易、輕鬆，喜悅等良好情感；當動力定型遭到破壞的時候，孩子會感到困難、疲勞、煩惱。孩子不喜歡學習英語，一個很重要的因素就是語言習慣和環境發生了變化，孩子感到不適應，而新的語言動力定型又還未建立而造成的。學習英語，聽、說領先，因此，要使孩子對英語學習感興趣，我們不妨從動力定型入手。如每天早上起床，第一件事就是讓孩子自己打開收錄機，收聽英語（與此同時，孩子該做什麼就做什麼），久而久之，形成動力定型。這樣，既能幫助孩子養成良好的學習習慣，又能在不花費專門時間的情況下，自然而然的提高英語聽力水準。

幫助孩子變「學」英語為「用」英語

這不僅是一個觀念的轉變，也是學習方法的改變。我們試想，在沒有任何實際運用的環境下，要一個孩子像鸚鵡學舌般的學習英語，那是多麼枯燥、多麼厭煩的一件事情。因此，我們要讓孩子變「學」英語為「用」英語，要讓孩子看英語兒童卡通，要讓孩子學唱英語歌曲，要讓孩子做英語遊戲，總之，讓孩子在使用中認識英語，讓孩子在「用」英語上找到快樂！

培養孩子良好的英語學習習慣

父母可從以下方面做起：鼓勵孩子堅持收聽、收看英語教學節目；利用一切可以利用的場合，鼓勵孩子用英語說話，包括自言自語；指導孩子堅持閱讀適合自己水準的課外英語讀物，最好不要閱讀超越自己水準的讀物；要求孩子用英語做各學科的課內外筆記；觀看網路英語教學的影音頻道，或是下載英語相關的軟體。

一切為了分數：分數不能完全代表學業成績

模擬現場

一位母親這樣向人訴苦：我女兒，正上一年級。前兩天，期中考試兩科都是八十多分。把我氣壞了，我的女兒是個乖女兒，平時上課認真，回家積極完成作業。為什麼還考不好，是不是孩子的智商不高呀？我該如何去輔導她，才能真正的幫她提高成績呢！

這個母親的心理實在很危險，要知道，分數只是在一定程度上反映了學生掌握知識的狀況，而不能完全反映學生的智力水準，更不能完全代表孩子成績的好壞，更何況，這個孩子的學業成績並不差。

孩子的年級越低，學習內容相對較簡單，考試分數也較高一些；隨著年級升高，學習科目增多，內容加深，考高分就不容易了，而且分數還與題目難易程度、覆蓋面大小、孩子的身體、心理狀況等多種因素的影響有關。因此父母不能只看分數多少，硬性規定指標，不然會壓抑孩子的學習積極性，使孩子產生厭學、畏懼心理，還會造成孩子撒謊、考試作弊等不良行為。

事實上，現在的父母往往把孩子的分數看得比什麼都重要，回家對孩子說的話除了問成績之外，幾乎再沒有別的了。只要成績好，孩子一切都好；只要成績不好，孩子一切都不好。父母的這種思維方式和評價標準也嚴重的影響到了孩子的健康成長，他們背負了太重的學習壓力，尤其是那些學業成績不夠理想，或偶然在考試中失手的孩子，迫於大人的壓力往往不能正確的認識自己，從而導致自卑心理的產生。

在這種急功近利的惡劣環境中長大的孩子，往往胸無大志，缺乏理想，計較得失，甚至心懷仇恨，很難與他人友好相處。的確，如果父母只重視孩子的考試分數，而忽視對他們思想道德素養的培養，將會給孩子的成長帶來不可忽視的負面影響。

一位正在上國三的孩子在他的日記中曾這樣寫道：

在很多父母看來，我的孩子只要成績好，分數高，就是老師的好學生，就會有高人一等的貴族血統。雖然這荒謬的理論沒有絲毫的正確性，但父母卻深信不疑，而我們與父母的隔閡往往就是在這裡產生的。

我們要利用假期去打工，父母就會說：「現在不是賺錢的時候，影響學習。」；我們要去郊遊，父母就會說：「一整天又荒廢了，沒辦法念書了。」；我們要去看電影，父母就會說：「現在的電影不適合學生，別把時間耽誤了。」；於是我們就假裝說去圖書館念書，父母這次說「乖，別分心，把握時間」。可是實際上，我們去溜冰了。

這樣無奈的事實，能怪誰呢。父母和我們在同一個戰壕裡，我們又怎麼忍心看他們為我們的學習日漸憔悴。我們努力，老師表揚，父母高興。可是我好想說：「爸爸媽媽，我不想丟掉手中的畫筆。」但我放棄了。為了父母的厚望，我放棄了許多夢想。於是，我與他們的溝通少了，我的書本多了，屬於我自己的時間幾乎沒有。

直到有一天，我發現自己變得傻乎乎的，眼睛模糊了，戴起了厚厚的眼鏡。我不願再做沉默的羔羊。我要為贏得自由而戰。隨著時間的推移，戰場被一條條深深的壕溝隔開了，這深深的壕溝，刻進了彼此的心裡。從此，兩代人便在這被壕溝隔開的同一片藍天下生活著，心卻離得越來越遠了。

孩子的日記是多麼的發人深省，又是多麼的讓人心酸，然而令人慶幸的是，生活中也有許多的父母並不以「成績論英雄」，他們善於發現孩子的優點，並鼓勵孩子將這些優點充分發揮，終於獲得了傲人的成績。

編者曾經接觸過一位家長，由於他家孩子的數學成績差，所以經常被老師找來談話，可這位家長說，我兒子雖然數學成績不是太好，但是他的作文卻寫得非常出色。主要原因是他除了大量閱讀之外，在日常生活中還細微觀察。有一次，我帶兒子和他的同學一起到公園玩，我注意到在玩的過程中，我兒子所提的問題總是很多，觀察事物也非常細微。

印度洋發生海嘯，一直以為這是大人所應當關心的事情，從來沒有想到過給孩子講這些。直到有一天我和兒子的祖母在電話裡講起這件事，祖母問海嘯是怎麼回事時，我想也沒有想就說，誰知道啊，大概就是天災人禍吧。不料兒子馬上接過電話說，祖母，海嘯是因為在海裡面發生了地震造成的，然後便有板有眼的給祖母仔細的做了分析。我驚奇於兒子對事情的觀察和思考能力。後來，兒子還寫了一篇關於海嘯的作文，在報紙上發表了，慢慢的，隨著學習興趣的提高，他的數學成績也變好了。

這位父親的做法值得稱道，對父母來說，分數並不是最重要的，重要的是要看到孩子的特質。分數並不能代表一切，只能說明某一方面。而父母要培養的也並不是考試機器，而是心智健全、善良美好的人。當孩子的心理承受力還很脆弱的時候，對於他身上優點、長處的發現和肯定，對孩子極其重要。所以，父母一定要把一種健康的觀念傳達給我們的孩子，使他們健康快樂的成長，成為一個真正對社會有用的人。肯定孩子好的地方，他只會越來越好，而不會越來越壞。尤其對那些長期被單一的分數標準壓得喘不過氣來的孩子，這種肯定將會對他的一生都產生影響，他會獲得自信，他對自身和他人的判斷也會變得豐富、全面。

也許你的孩子將來不會有高薪，不是所謂的「社會菁英」，那又有什麼關係，社會就是由不同特點的人組成的，每個人都有自己的一方天地天地，他會開拓他自己的世界。一個人若有快樂安靜的人生，你就不能說他的人生是不富足的。而一個長期被認為一無是處的孩子，他的內心在受到粗暴踐踏的同時，會產生怎樣的扭曲，滋長怎樣危險的心理，那才是真正值得憂慮的。

不要給孩子簡單的定分數指標，要在具體指導上做好計畫

有些父母喜歡強行給孩子定一個分數指標：「這次必須達到〇〇分。」殊不知，這樣做除了增加孩子精神壓力，解決不了具體問題。父母應該指導孩子分析薄弱環節，訂好計畫，改進方法，越具體越好。當然要以孩子主動思考為主，不能強加給他。

主動聯繫老師，請老師幫助分析孩子的學習狀況

父母應該主動去請教班導老師和任課老師，越是找不准孩子學習問題原因的，越要及時找老師討論，請老師出出主意。有的老師解決不了也沒關係，還可以請教有經驗的老師。

改變看成績單和談論分數的方法

在明白了成績背後有很多因素，父母就可以改變看成績單和談論分數的方法。

考試過後，不要追著孩子催問：「成績單發了沒有？」在孩子把成績單拿給你看時，應該保持平靜的態度，可以說：「你主動把成績單給家長看，很好。我們找個時間具體分析分析這次考試情況，好嗎？」如果孩子遲遲不把成績單拿出來，父母可以啟發他：「這次考試應該總結一下，你先考慮考慮，今天或明天晚上我們一起討論一下。」

孩子考了低分，父母不要粗暴對待，而採取理解的態度：「這次沒考好，我們再努力。你自己總結經驗教訓。什麼時間一起討論？」

睡眠品質差：怎麼也睡不好

模擬現場

美國學者提出了「睡商」(Sleep Quality, SQ) 的概念，主要是指一個人的睡眠品質和其智力及健康狀況的比例。

孩子的睡商直接影響其學商 (Study Quality, SQ)，而這兩個SQ是影響孩子的IQ

和EQ的關鍵因素。

曾有人研究有關考大學或考試高分同學的竅門，發現有一共同之點，就是那些孩子的「睡商」很高。

良好的睡眠除了對一個孩子的健康起著重要的作用，同樣極大程度的影響著孩子的學業成績。

睡眠在一個人的一生中約占三分之一以上時間，處於生長發育高峰期的孩子對睡眠的需求最高。這是因為，睡眠與生長激素的分泌有關。人類的生長發育依賴於腦垂體分泌的生長激素，生長激素在睡眠時分泌的量最多，人體各種營養素的合成也只有在睡眠和休息時才能更好的完成。所以，睡眠充足，孩子的生長發育就快。年齡越小，睡眠應越多。學齡兒童和年輕人一般每日應不少於八小時睡眠。

一般情況下，深夜十點至凌晨一點是生長激素分泌的高峰期，也是人體內細胞新陳代謝最活躍活躍的時間。如果錯過這段睡眠時間，細胞的新陳代謝將受到影響，即使白天補睡也達不到最佳效果。所以給孩子養成好的睡眠規律和習慣，對孩子智力、體力的發展至關重要。

可是現在相當多的孩子睡眠品質不高，對學習和身體很不利。睡眠不足對健康的害處有以下幾個方面：

其一，視力下降。現在小學生中視力不好的約占百分之十至百分之二十，中學生中約占百分之三十至百分之四十，而大學生則高達百分之五十以上。其二，體質較弱。一遇天氣變化、季節交替，總有不少學生感冒發燒、打針吃藥。其三，神經系統疾病明顯增多。有的學生已開始出現神經衰弱症狀，小腦缺乏活動訓練，動作行為大多顯得呆傻笨拙。而大腦思維反應也被圈死在課本、習題、練習、考試的「循環」之中，對圈外更廣闊的天地天地，有的孩子竟一無所知。正是基於孩子的健康和前途，諸多專家坦誠而鮮明的勸告老師和父母：「要充分保證孩子的休息時間，不要任意增加孩子的學習量，特別是別讓孩子開夜車。指望扣除孩子的課外時間把學習提升上去，很可能適得其反！」

兒童睡眠障礙的原因很多，歸納起來有以下三種情況：首先是精神刺激，比如受驚嚇，或有苦惱的事情又不願讓父母知道，或家庭關係緊張，總在壓抑中過日子等。其次是疾病，最常見的是特異性皮膚病，其中百分之九十的兒童年齡在五歲以下，因夜間起來抓撓皮膚而影響睡眠。最後是用藥的影響，如哮喘病人服用茶鹼藥，可發生入睡困難和易驚醒；慢性病服皮質類固醇藥物，可發生夜間醒來次數過多、易驚醒、多夢等。

儘管大多數孩子都會出現睡眠問題，但是我們還是要重視那些噩夢頻繁、睡眠持續不穩等現象，因為這往往是孩子情感問題的早期徵兆。

讓孩子的飲食起居具有規律性

（一）制定作息時間表。父母應該保證孩子正常的作息規律，即每日按時睡覺、起床。週末，父母不妨為孩子安排特別的活動，允許他睡晚一會，作為日常生活節奏的調整。孩子大一點時，應少睡午覺。

（二）自我安寧法。睡覺前的一個小時之內的活動應該輕鬆、安靜，如讀書或者看電視，父母應避免讓孩子進行劇烈的活動，或看恐怖的影視片。此外，睡覺前的熱水浴也可以讓孩子放鬆身心，獲得良好的睡眠。

（三）適當的飲食。孩子的飲食要適量，尤其要避免夜間吃得過飽。同時，在睡覺前的五至七小時內，孩子不要攝取含咖啡因的食物，比如咖啡、可樂、巧克力。另外，睡前不要飲酒，雖然酒能幫助人入眠，卻同時容易在深夜引起不安穩的睡眠。不過孩子睡覺前，可以適量的吃一點對身體有益的食物，最好是含豐富的胺基酸類的食品，如牛奶、豆類、起司、雞蛋、漢堡、花生醬、牛肉、或是魚類等。

（四）鍛鍊。父母應鼓勵孩子積極參加體能鍛鍊，增強體力，以便承受相對劇烈的體力活動。不過，應有規律的活動，如打網球等。白天的體能鍛鍊，有助於孩子擁有良好的睡眠。

讓孩子恢復平和的心理狀態

（一）精神放鬆，肌肉放鬆，改變就寢時間。父母應幫助孩子選擇就寢時間。這一時間既應符合孩子的體質，又適合孩子的睡眠需要。不少少年屬於「夜貓子」型，更要加以改正。

（二）安慰孩子。父母應告訴孩子，很多人都有失眠現象，這主要是憂慮帶來的緊張。如果處理好引起煩惱的難題，就會輕鬆起來，失眠現象就會消失。父母還應該安慰孩子，一兩次睡不著覺，不會對身體造成明顯的損害，沒有必要太擔心。否則，失眠就會更加厲害。

（三）藥物治療，安眠藥片往往能達到神奇的作用。不過，長期服用藥物來幫助睡眠，會導致人對藥物的依賴性。所以，不應過於依靠藥物的作用。

讓孩子遵守睡眠時間，保持良好的睡眠習慣

良好的睡眠應該遵循醒睡規律，每天按時就寢，按時起床，保證睡眠的時間。對長期形成的睡眠習慣不要隨意改變。許多人有午睡的習慣，抓緊中午時間小睡一會兒，對於消除倦意、恢復興奮、振作精神是有益的。但不要睡得太久，一般不宜超過一小時，否則會影響夜間的睡眠。

讓孩子做好睡前準備

睡前一小時內，要減少或停止緊張的腦力勞動，也不宜做運動量大的體操，更不要使心情過於激動或悲傷、煩惱。上床前最好洗澡，至少用熱水洗洗腳。最好不要在床上看書和思考問題。

讓孩子選擇正確的睡姿

睡眠姿勢也值得注意，不要臉朝下趴著睡，這樣會有礙呼吸。最好多採用右側睡，可以減少心臟的負擔。夜裡應多變換睡眠姿勢，翻幾回身。還應注意不要蒙頭睡和注意腳的保暖，衣服應保持寬鬆舒適。

讓孩子平時注意吃有利睡眠的食品

古書就有記載，金針菜有「安五臟，利心志」的作用，是一種很好的利眠食品，晚餐用黃花菜烹湯佐膳，或睡前用一兩黃花菜煎服，能使人安睡。龍眼（也稱桂圓）、蓮子、紅棗等，對治失眠症有良效。神經衰弱的人晚餐進食小米粥，能早眠熟睡。失眠、夜間多尿的人，宜吃糯米粥，此外，夜間或飲杯熱牛奶，或吃一把葵花子都有安眠作用。

透過睡眠，人體得到休息調整，從而不斷保持旺盛的精力，細胞也得到恢復和再生，要想使身體精力充沛、氣勢旺盛，就必須保持充足的睡眠。

為孩子創造良好的睡眠環境

室內的溫度要適宜，環境要安靜。最好經常開窗，保持空氣流通。床墊不宜過於柔軟。枕頭不宜太高或太低。被褥應該潔淨，薄厚適宜。睡眠時不要忘了關燈，因為開燈睡覺往往會因為燈光刺激眼睛而睡不著。

第六章　考出好成績——提高孩子的應試能力

考試能力差：平時成績不錯，一到考試就發呆

模擬現場

雯雯學習刻苦認真，平時表現很好，無論是寫作業還是上課回答問題，都令老師十分滿意，還經受到老師的表揚。但一到考試就不行了，不是粗心大意，做錯了題，就是忘記了已經會了的內容。老師很納悶，為什麼平時表現很好，考試時就不行了呢？雯雯的父母更是著急，真不知怎麼幫助孩子。

雯雯的這種現象是由於他的應試能力比較差，應試，就是在規定的時間內完成

考試題目，而應試能力是每個人都必須具備的能力，有的孩子像雯雯那樣，平時學習很用功，學習也不差，只是一到考試總遭到失敗，這樣的孩子應試能力比較低。

一般說來，考試是衡量一個學生成績的尺度，不會考試的孩子，不管你有多大的能力，對所學知識掌握得多好，也無法得到別人的承認。

通常而言，考試可以分為兩類，一是驗收性考試，主要是為教師全面了解學生的學習狀況以及知識掌握情況而設置的，同時也是對將來面對選拔性考試做一些預演，如小考、期中考、期末考等；二是選拔性考試，特點是具有很強的淘汰性，將所有學生進行排列組合，按照不同的等級進行區別對待，如升學考試以及競賽等等。

從現實角度上看，無論如何，前者都是為後者服務的，前者的類比風險為後者累積經驗，也可以鍛鍊後者所需要的心理承受力，還可以透過前者的訓練獲得自我認同。只要經常的勝利透過驗收性考試，自我經常得到成功的暗示，積聚這種成功心理力量，最後都將在後者身上得以展現。

下面就三個方面對應試能力教差的孩子予以指導：

一、考試心理狀態與調適

對待考試常見的心態有四種：恐懼型、挑戰型、麻木型、迴避型。

（一）恐懼型，即過度焦慮型的學生，約占百分之十。越臨近考試越害怕，學習效率下降，思維阻滯，頭腦一片空白。生理反應：臉紅、手抖出汗、心跳加快、呼吸急促、多尿、嘔吐、怯場，甚至暈場等。

考試焦慮的原因：1．來自環境的壓力。如：父母望子成龍心切，期望值過高，過度看重考試分數，對孩子形成巨大的心理壓力，還有同學間的競爭、老師的看法、升學的壓力都會造成緊張的心情。2．身心疲勞，造成厭倦反向心理。3．以往的失敗經驗，複習不充分都可能引起極大的焦慮。4．跟神經質性的人格特徵有關。

調適對策：1．心理疏導，解開心結。優秀生的壓力主要來自環境，中等生的壓力主要來自成績，補習生的壓力主要來自過去。2．放鬆訓練，系統減敏。先進行緊張放鬆操：握緊拳頭，咬緊牙關，屏住呼吸，全身緊張，想像臨近考大學二十天的焦慮情景，然後逐漸放鬆，慢呼吸，想到愉快情境。再想臨近考大學十五天、十天、五天、一天、二小時，開考……，逐一緊張放鬆訓練，直至完全放鬆為止。

（二）挑戰型，即自信中略帶有焦慮的學生，約占百分之三十五，這是最佳狀態，只要能保持一顆平常心，稍注意學習與應考策略，就能正常甚至超常發揮。

（三）麻木型，即無奈、沮喪、努力不起來的學生，約占百分之四十五，大多是中等生，表現有不自信、焦慮、疲勞，反應速度和精力下降，感到付出沒有回報以致心力疲憊。原因是安排不合理，產生消極情緒。

調適對策：1．正確歸因、堅信我能。在考大學複習過程，學生經歷了緊張的複習、頻繁的考試、上下波動的成績和名次，總感到時間不夠，甚至成績倒退了，但又急不起來，這是人人都有的現象，可能是自己事先沒做好心理準備而感到茫然無助，實際上人人都在進步，有些人看不出來而已，自己未付出多少，還能成績平平，一旦付出，可想而知。考大學是對父母無私的愛的奉獻，也是最後一次搏的機會。對父母保證：「請您放心，我會盡力，相信我可以」。對自己說：「我渴望一試，永不言敗，不管成績如何都有意義，都不做終極評價」。2．定目標、找方法。如「保六爭二」即每次考不低於六十分，再爭多得二十分，方法要切合實際，克服浮躁心理，精而實，具體而有效。

（四）迴避型，即在消極情緒與動機交織下選擇迴避放棄的學生，約占百分之十，大多為全科性厭學的學生，破罐破摔。

調適對策：面對逆境，從容應對，必為有用之才，如拿破崙、愛迪生等都是學校差生，但卻能成為社會大才、奇才。堅持到底，永不放棄。

二、臨場發揮方法

為了避免不敢捨棄而誤了大局，必須學會三輪答題法。

第一輪：從頭到尾略作思考，對有把握的題目做一遍，花的時間不太多，把沒把握的題目先放一邊。

第二輪：重點突破留下的問題、選擇題、基礎題的答題不留空，選擇成功率高的難題作為主攻方向。

第三輪：剩下十分鐘，檢查消去不該錯的題目，檢查容易出錯的地方：如計算題等，用逆算、逆推、逆思法檢查。

三、注意答題的規範與細節

（一）確保答題的大方向，多問這道題目考什麼？而不是問這題目問什麼？提取一切有效資訊，挖掘一切隱含資訊，排除干擾資訊和陷阱。

（二）提高答題的準確性、科學性、完整性和簡潔性，透過完美的回答來展現自己的能力。

（三）字跡工整、考卷整潔與答案正確性並重。

考試前引導孩子把所學的知識串聯起來

透過對所學內容的回顧、條理化、系統化，使學過的東西在腦海裡形成一個知識框架。再讓孩子把書合上，一面回憶一面在一張紙上勾畫所學內容的輪廓、要點和結構等。如果遇到不大清楚的地方，也不要急著打開書本或者翻看以前的試卷，要多想想，實在想不出來再翻開書查看。經過對照以後，孩子在回憶中完全正確的部分就一帶而過：而那些似懂非懂或者完全忘記了的知識和題目解法，則集中時間和精力去分析遺漏的原因，並集中攻克，最後形成立體知識框架。

引導孩子以課本為主

課本是孩子學習的根本，每一次考試，其內容都離不開課本。因此，父母應引導孩子以課本為主，重視課本中的每一句話，將課本上內容學懂、學通、學精。

幫助孩子調節好體力、精力、心理

讓孩子精力充沛的去應試，可以更好臨場發揮。

讓孩子自己為試卷評分

讓孩子自己幫試卷評分，對提高孩子的應試能力也是有效的。自己寫的答案自己打分，這樣可以從與答案卷時不同的立場客觀的考慮問題，能夠自己找出答案錯誤的原因。並且為了找出正確答案，還要查閱課本和參考書，無形中又達到了複習的目的。這樣可使孩子進一步加深對所學內容的理解，使知識更加準確。

教孩子必要的考試技巧

孩子要想考出好成績，不是只把所學內容掌握好就可以了，還要懂得考試技巧，必要的考試技巧和考試經驗，對提高孩子的學業成績大有幫助。父母應盡自己所能，將有關的直接經驗（本人參加考試的體會）和間接經驗（書刊上看來的考試經驗）傳授給孩子。

例如告訴孩子：考試前一天晚上要放鬆；睡覺之前，要確定一下第二天早上的一切是否都已準備好；在考試當天，穿衣服要合適，使你不會由於太熱或太冷而感到心煩意亂；考試卷發下來，先不要急著動筆做題，而是花兩、三分鐘的時間，統觀全面，將試卷瀏覽一兩遍，對試題的整體分布在心中有一個大概的了解，然後再沉著應戰；做每道題的時候，先要仔細審題，弄清題意，特別是弄懂題目中每一句話的意思；對於兩分半鐘內沒有形成思路的題目，暫時先放下，做下面的題，等把整張試卷做完後，再回過頭做等等。

不要這樣教育孩子

孩子考試考不好，總認為是笨，於是聽天由命，對孩子不聞不問，任其自然發展。

看到孩子的考試成績差，不問青紅皂白就嚴加指責，怪孩子平時不認真，沒有把所學的知識掌握好。

考試緊張：心跳、怯場，總是怕考不好

模擬現場

小雨今年上六年級了，她每天早晨不到六點便起床，匆匆吃過早餐便開始朗讀英語。她說，學校每天七點二十分開始上早讀課，可很多同學都是七點不到就已經到學校了，她在班裡是幹部，當然不能晚到了。現在，她們是畢業班，面對升學的壓力，老師們不但安排了很多作業，而且一般課後還會多上一節晚自習，講解一些題目，她和同學每天晚上的作業都要做到晚上八點多。「我最害怕考試，一考試心跳就會加快，害怕考得不好，每次考完，總是提心吊膽。如果沒有考到理想的分數，爸爸媽媽就會指責我。」雖然小雨的成績十分優秀，但她的壓力還是很大，她說她的同學中那些成績不好的就更怕了，有的女生膽小，考不好就哭，膽大的男生索性把試卷藏起來，回家父母問起就說什麼都不知道。

考試怯場是一個比較普遍的現象，在任何有考試的場合都可能出現，在小學生中更多些。怯場是一種短暫性心理失常現象，是由於各種原因造成情緒過度緊張所致。表現為原來已經熟記的資料、熟練的動作不能重新回憶、再現或再做。嚴重者還可能出現頭暈（俗稱暈場）、目眩、心悸、噁心等症狀，結果造成考試失利。

產生怯場的生理原因，是大腦皮層中由於情緒高度緊張而出現了優勢興奮中心，這個優勢興奮中心又因為免誘導規律而使大腦皮層的其他部位產生抑制，簡單的說，就是大腦中緊張的興奮因數把其他該興奮的地方給壓抑住了。因此，解決怯場問題，關鍵在於消除干擾性的優勢興奮中心。

孩子的過度緊張是由於過度的壓力造成的，這壓力既有外部的，也有自身的。

壓力來自父母。父母望子成龍、望女成鳳，期望值非常高，而且把期望變成了言語、行動，不斷給孩子施加壓力：「你一定要考好，考好了有獎勵。」「考不好就是沒出息。」「父母的希望全在你身上，考不好就全完了。」「考不好，回來跟你算帳」……而且在行動上重點保護，準備營養品……這些言行成為有形和無形的壓力，集中到孩子腦子裡去。

壓力來自學校。有些學校以及老師運用動員、成績排隊甚至倒計時方式促使學生好好念書，提高成績。對於面臨升學考試的學生，更是雙管齊下，造成緊張氣氛。這對學生的壓力是很大的。

壓力來自社會。由於社會上競爭日趨激烈，各種考試成為人們的一個熱門話題。親友們見到孩子，經常會問：「書念得怎樣，考多少分？第幾名？」而且往往鼓勵幾句：「好好念，將來考大學，當醫生。」殊不知這些關切的話語，對孩子都會造成心理壓力。

如果一個孩子對這些壓力能夠正確認識，自我調控，變壓力為動力，考場上不亂方寸，那麼，不但不會影響成績，還有可能考得比較好。

如果一個孩子，本來成績就不好，而且沒有信心，對這些壓力抱無所謂態度。任誰怎麼說，我行我素，考試也不會見起色。

問題在於，有的孩子心很重，把這些「石頭」一塊一塊塞在腦子裡，而且自己給自己加壓，自我期望值也很高，但是又缺乏堅強的意志來調控高度緊張的情緒。一到考試時候，高度緊張的情緒就成為嚴重的干擾源，當然考不好了。

父母要帶頭，做好為孩子減壓的準備

一方面，父母不要在平時給孩子太多的精神壓力，不要盲目的給孩子定過高的指標，達不到就如何如何。在臨近考試時，尤其不要天天嘴不離口的談考試的事，因為你說得越多，考試時刺激孩子產生緊張情緒的信號就會越多。另一方面，不宜在孩子考試前和考試期間，為孩子做過多的物質準備和具體服務，如買很多的營養品，像保護保育類動物似的處處服務周到，這些做法會給孩子帶來很大的壓力。適當改善一下孩子的飲食是可以的，但不能過度。

教孩子正確對待考試，幫助孩子減輕自我壓力

孩子的水準是客觀的，只要認真複習，認真做好考試準備，能考出自己的實際水準就行了。孩子有時對自己的水準認識不夠，自我期望過高，甚至有僥倖心理。有的孩子總擔心出錯，這樣，進考場就緊張，一旦看見了熟悉的題目，緊張情緒加劇，導致一連串的失誤。父母應在自己少給孩子壓力的同時，讓孩子正確對待考試。考試，就是測驗學習水準，告訴孩子不要給自己定太高的目標，考試遇到不熟悉的題目是正常現象，對每個同學都是可能的。勝敗乃兵家常事，努力就是好孩子。

教孩子在考場上運用「轉移注意」和「自我暗示」的方法緩解緊張情緒

轉移注意就是暫時的強迫自己把注意力集中在考試以外的事物上，使緊張程度緩解。比如：當心裡過於緊張時，認真聽老師講考試注意事項，觀察老師的服飾、表情，想一小會兒最感興趣的事情等等，都會使自己平靜下來。自我暗示就是在內心裡自己提醒自己：我是很鎮定的，呼吸多麼平穩，頭腦也很清楚……這種反覆提醒也有助於緩解緊張情緒。

教孩子事先明確答案卷的程序和要求，按部就班去做

基本程序和要求是：（一）工整寫上姓名、座號等，一筆一畫的寫，有助於使自己平靜下來；（二）看準題目，分析題意，一個題一個題順序往下作答。容易緊張的孩子不要先把全部題目看一遍，那樣容易造成因為看到一個不熟悉題目而增加緊張感。遇到不會作答的題目，認真展開思路想一想，如果想不通，暫時跳過，不要占用過多的時間，免得耽誤了做其他題目的時間。會做的題目做完之後，再回過頭來做較難的題目。（三）仔細檢查、避免漏錯。大題、難題多花點時間。時間較少，普通題目看一遍即可，多看一看重點題目。特別要把試卷正反面都檢查一下，不要有

漏答的題目。

這個基本程序和要求，讓孩子平時小測驗和階段考試中就堅持做到，養成習慣，比較大的考試就會自然的按程序應考了。

讓孩子在考前把該準備好的用具準備好，放在比較保險的地方

有些孩子就是因為用具準備不齊，臨場才發現，增加了緊張情緒。

教孩子克服考試緊張的辦法

考試緊張直接影響到知識水準的發揮，直接影響到考生考試成績。父母可以教給孩子以下幾種克服考試緊張的方法。

(一) 深呼吸法：考前找一個比較安靜的地方，站立，眼微閉，全身放鬆，深呼吸，同時默念「1─2─3」，心想：放鬆、放鬆。

這樣可以使血液循環減慢、心神安定下來，全身有一種輕鬆感。

(二) 扮鬼臉法：找一稍偏僻的地方扮鬼臉，歪嘴扭唇、抬鼻斜眼，放鬆臉部肌肉。如能面對小鏡子看到自己的搞笑神態，一定會忍俊不禁的發出笑聲，一切牽腸掛肚的念頭都消失了。

（三）精神勝利法：心裡想，我一定能成功，一定能正常發揮，考出好成績。我考不好，別人也不怎麼樣。反而會降低壓力，保持平常心。

（四）臨場活動法：由於正常的緊張情緒也會使體內產生大量的熱能，所以可以在考試前稍稍活動活動，使熱量散發。可走動、小跑、搖擺、踢腿；可以雙手握緊再放開，讓全身肌肉縮緊再放鬆：可在考試過程中用力擰一下身體的某一部位。這樣緊張情緒會漸漸消失。

（五）閉目養神法：閉目，舌抵上顎，經鼻吸氣，安定神情。可以設想一個人走在幽靜的森林裡，恬然自得。

（六）凝視法：確定一個距離較遠的明朗的物體，凝神並細心的去分析、琢磨其顏色與遠近。

（七）漫畫消遣法：可翻翻誇張、逗趣的一些漫畫作品，促使心情愉悅、情緒放鬆，重新擁有優越感，恢復自信心。

（八）自我暗示法：「我已做好充分準備，不會考差的」、「緊張是膽小鬼的行為」。

（九）類比法：「我考試緊張，任何人考試都緊張。」對此自己不妨泰然處之。

（十）聯想法：緊張時，想想自己曾經做過成功的事，回想成功時的心理體驗，這樣會感到非常滿足，從而消除緊張。

不會做題：究竟該怎樣答題

模擬現場

一位教師一邊用手指點著學生的腦袋，一邊生氣的大聲說：「這道題我都講了十幾遍了，你還是不會！怎麼搞的？你上課時眼睛有沒有看黑板。」然後把學生的本子重重的甩到地上。「再不會，就回去把父母叫來！」回到辦公室，這位教師還在罵學生是榆木腦袋，對同事抱怨：自己早起晚睡給他們上課輔導，付出了那麼多辛苦，可有些學生就是不會做題。

學了就要用，孩子透過做題學會應用知識，透過應用進一步加深對知識的理解。更為重要的是，讓孩子學會正確有效的進行觀察、解剖、判斷、指定方案，最終提高分析問題和解決問題的能力。因此，對於孩子來說，做題是關鍵性的能力，只有具備了做題的能力，才能最終把學習做好。但做題的真正目的不僅僅是運用知識和累積經驗，更重要的是形成能力。所以父母要幫助孩子認清做題的目的，不能為做題而做題。

同樣，我們還需要考慮一個問題，究竟要做多少題，題海戰術是否有效？

首先，題目是永遠做不完的。題目也是千變萬化的，即使建立了「題庫」，其容量也是有限的，而這麼多的題目要一個人做，是不可能做完的，即使做完了，要完全清楚穩固的記住這些題目和解法也是難以想像的。嚴肅的考試是很少因襲舊題的。另外解題經驗的價值在於它的活用，這正如圍棋中的「定式」需要活用一樣，不然，學圍棋者只要背「定式」就行了，除非同類型題目，依賴「定式」是危險的。因為，解題經驗對於解題來說，只是要素之一而不是唯一因素，解題是一個系統的概念，這個系統就像一個建築公司的預製廠，我們知道單憑「預製件」是不能完成各種建築的，因為在實施過程中，要根據變化的條件，對「預製件」進行識別、選擇、加工、改造、組裝等，這種思維方式是創造性的，而創造性的工作成效如何，就要看我們解題思維方法是否正確，而不是我們累積了多少經驗，所以，最重要的是善於思考，尋求方法。

其次，當孩子面對大量的題目時，首先想的是如何快速做完，而不是如何透過做題來提高能力，變腦力勞動為體力勞動，而感覺不到學習本身的樂趣，題目怎麼來的?題目是根據知識編來的，如果掌握了它的「根本」，自己也就能編題，要多少有多少，不要有僥倖心理，認為見多識廣，也許能碰見考題。

最後，做題的時候要連結實際。一是因題而異，對於標準題，有解題經驗即可，對與陌生的非標準題，思維方式很重要，對於文字敘述題目來說，語文知識弄通題意很重要。二是因人而異，對於低年級孩子來說，學好知識，掌握解題方法，多做一些題目，累積經驗最重要，對於高年級孩子來說，最重要的是強調思維方法。

讓孩子做「多解題」

有教育家曾經舉了一個例子：我們進入一座剛剛落成的大樓，如果上上下下轉幾圈，很快，陌生感就消失了。也就是說對於困難題，如果花了很多時間解決了，一定不能滿足一種方法，而要試著再去追求第二種第三種，也可以和同學、老師共同探討更多的解決方法，小學生一般一個學期至少每門學科要經歷二十道困難題，而國中生至少要求每學期每學科至少經歷五十道難題，高中生至少每學期每學科要經歷八十道難題。

讓孩子做「共同題」

在做多解題的基礎上，分析和尋求不同的解法的共同本質，一是在思想方法上哪些是共同的，二是在具體的步驟上，哪些是共同的，三是幾種解法融會貫通，由特殊到一般，統一到一個最簡潔的方法上。

讓孩子做「規律題」

真正可靠的解題思考規律的形成，應當是在總結共性的基礎上，再比較一批題目的共同點，形成普遍性的解題思考規律。

幫助孩子形成解題思路，確定難度級別

讀完題目，迅速的在腦海裡形成做題思路，就是需要立即說出該題所要求的知識點，解題過程分幾步，運用什麼技巧，是什麼題型，難度是什麼級別。難度通常可以分為四個級別，第一個級別是一想就明白，不必動筆；第二個級別是稍加思考，用筆劃劃就出來了；第三個級別是深入思考仍然出不來思路，但回過頭來的時候，可以解決；第四個級別是一時啃不動，複習課本、讀完筆記、想想老師是怎樣講的後，還是解決不了。不同難度級別的題目應採用不同的態度，第一級別「可做可不做」；第二個級別「順手漂亮的做完做好，累積成就感」；第三個級別「集中力量殲滅它」，然後做上標記，以後複習的時候，要重新複習一次；第四個級別「暫時放下，及時向老師請教」，爭取透過別人的幫助解決它，並且在解出來後力爭尋找其他解法。

讓孩子經常回頭看，仔細咀嚼其中味道

做完一道題，最重要的不是立即做下一題，而是需要停下來，回頭看看剛剛走過的「路」，進行仔細分析，總結，發現新的東西。一是看看這道題目我是怎樣解出

來的？完成解法的關鍵步驟有哪些？二是回憶自己是怎樣想出來的？三是看是否還有另外的方法，並一一搞定它。四是比較不同的解法，挖掘共同本質。這樣做題，就會很有滋味，其實，許多快樂不是來自享受或者獎勵，而是努力後的成就感，這種成就感推動孩子不斷超越自己，創造自己。

作弊：抄出的好成績

模擬現場

陶陶今年上國中二年級，期中考試結束後和同學一塊興高采烈的回到家，說：「這次考試一定都能得高分！」媽媽問他，為什麼這麼肯定？陶陶和同學神祕的笑笑。媽媽做好了飯叫他們去吃，卻看見他倆正專注的擺弄著一些小紙條，得意洋洋的細數考試時哪一張用到了多少多少。媽媽氣憤之餘又十分詫異，對於作弊這種事不以為恥反以為榮，今天的孩子怎麼了？

最近，一所著名高校裡，由於學生作弊屢禁不止，學校決定治亂世用重典，對作弊者一經查實即予開除。這一政策立即引起軒然大波，居然有半數學生對此口誅筆伐，認為太過嚴厲，還有學生表示持保留意見。我們不禁納悶：這到底是怎麼了？我們的社會道德怎麼了？古人那種「言必行、行必果」一諾千金的豪氣現在怎麼就蕩然無存了？

來看這樣一個童話故事：一個國王沒有子嗣，打算從民間挑選一個小孩做王子，辦法是給候選者每人一顆牡丹花種子，看誰種的花朵最漂亮、花朵最多。到了評比的時候，幾乎所有的小孩都捧著鮮豔漂亮的牡丹花相互爭奇鬥豔。但是國王並不高興，反而很生氣。這時，他看到一個小孩正捧著種著那顆種子的花盆，傷心落淚——因為他沒有種出花來。國王高興的選了這個小男孩做自己的繼承人。人們不解，國王說：「因為所有的種子都煮熟了，是不可能發芽的。」這時，人們才恍然大悟，不禁對小男孩十分尊敬、愛戴。這個故事的意義很鮮明：做人一定要誠實，只有這樣，你才能得到你應該得到的東西。

可是，現在社會上的不正之風已經流入了校園，在一次匿名問卷調查中，調查者發現，有許多大中小學生都在考試時作過弊。有一位教授曾這樣對記者說，他常常受到一些來自國外大學的感謝信，對他向該校推薦人才表示感謝，但是這些「被推薦者」大多是教授一生都沒有見過的，而且也許一輩子都見不到的人。

為什麼在大學生中會出現這樣嚴重的信譽問題？其實，我們可以看出，作弊的現象就正是僥倖心理的一種重要表現。孩子們懷著一種僥倖心理：不好好學習也一樣能夠考出好成績，受到父母老師的喜愛，同學們的羨慕。這樣，沒有被及時的制止這種心理的一些孩子，從小就養成了考試作弊的壞毛病，他們甚至並不認為作弊是在做一件不光彩的事，有時反而會讓他們心中產生一種英雄的自豪感。這些學生長大了以後，來到高校，自然會做出上面提到的事情。

要想避免孩子作弊，首先要弄清孩子為什麼作弊。引起孩子作弊行為的原因有很多，最常見的有以下幾點：

（一）一般來說，孩子作弊的最終目的、最直接原因都是為了獲得一個好的成績。有的孩子平時不肯下工夫去學習，不努力、怕吃苦，但看到別的同學取得好成績，又很羨慕，這種虛榮心理導致他們作弊。這種心理也會發生在成績原本就很好的孩子身上，由於成績一直不錯，父母和老師都難免對他們有些苛求。他們很怕下次考不好，過重的學習壓力使他們不得不採取作弊行為。

（二）一些父母和老師把分數作為評價孩子、獎懲孩子的唯一標準。孩子分數高，父母、老師就給予讚揚和獎勵；分數低，就批評、責罵。如果因為孩子多考了幾分就歡天喜地，少考了幾分就唉聲嘆氣，這樣勢必會將孩子引入分數盲點。

（三）有些孩子自己本來不想作弊，但看到周圍同學由於作弊而獲得高分，排得好名次，受老師表揚，父母高興，本人也洋洋自得，而自己老老實實的考試反而不如他。這種情況會使孩子覺得自己吃虧了，心理不平衡導致孩子去作弊。

（四）對於年紀幼小的孩子，要弄清楚是否跟道德成熟有關，如從眾行為、被人教唆，或者分辨不清作弊行為的界限。還有些孩子好像還不大理解作弊。例如有些孩子自己做完了考卷覺得閒著沒事做，就喜歡看同桌的試卷，不但抄襲同桌的正確答案，還告訴人家哪裡做錯了。他們可能沒有把考試當成一件嚴肅的事，認為就和平時寫作業一樣。

哪個孩子不想考好分數，哪個孩子不想用自己的進步來回報父母的付出？在孩子幼小的心裡，考高分可能勝於一切，於是孩子為了分數而學習，為了分數不擇方法。父母應理解孩子，及時發現孩子存在的問題，及時用正確的方法教育，以免孩子走進成長的盲點。

培養孩子誠實的品格

父母首先應該嚴肅認真的告訴孩子，作弊是不對的！向孩子講明作弊的危害性，考試作弊是一種自欺欺人的不良行為，即便偶爾瞞過了老師，但天長日久，遲早會露出馬腳，最終會害了自己。此外，父母要以身作則，如果父母撒謊作弊，並由於僥倖瞞過了別人而得意，孩子就會「近墨者黑」，將撒謊、作弊這種欺騙行為，視為「聰明過人」，從而「上行下效」。

讓孩子知道考試的真正目的

父母要教育孩子正確看待分數，讓孩子知道，考試的目的只是為了檢測一段時間的學習情況。學得不好沒關係，發現問題可以再補，但是用作弊這種方法來掩蓋的話，就永遠不知道自己哪裡出了問題。

培養孩子良好的應試心態

教育孩子以平常心對待考試，告訴他「只要盡力而為就行」。其次，讓孩子進行自我心理調節，如考試階段不要打亂生活規律，學會自我放鬆，保持應試冷靜，不要患得患失，考一科丟一科等。

對孩子的期望要實際

一次考試成績不能完全代表孩子的綜合素養，更不能代表孩子今後的發展和未來。對孩子的期望要從孩子的實際能力出發。對孩子的要求過高或過低，都不利於孩子的發展。給孩子提出的要求，應該既不是不可及的，又不是輕而易舉就能達到的。使他們能取得成功，但必須做出努力。

不要包庇或袒護孩子

作弊被發現，是件丟臉的事，孩子特別害怕因此受處分，父母也覺得臉上無光。遇到這種情況，父母若因害怕丟臉而代孩子向學校、老師求情認錯，孩子就會認為只要有父母出面，什麼事情都能擺平。如此這般，孩子就不再從自身找原因了，以後難免再犯錯。

如果孩子因作弊得出好成績，而沒有被老師發現，父母也不要包庇孩子，因為這樣做了無疑是助長了孩子的作弊行為。

做孩子的堅強後盾

孩子作弊，很大程度上是想要得到愛。孩子成績好了，父母高興老師高興。孩子也會形成這樣的看法：學習好了父母就愛我，不好就不愛我。

因此，父母應考慮怎麼給孩子多點愛心，無條件的愛心。和孩子做個知心朋友，告訴孩子你是他的堅強後盾，你是愛他的。無論孩子的成績怎樣，只要是他盡力了就不要責備。這樣孩子會變得自信，成績也就會很快得到提高。

考試考差了：我心裡也不好受

模擬現場

今天是考試成績公布的日子，小浩回家時，媽媽正在廚房做飯，於是，他就一屁股坐在沙發上，一言不發的發愣。

沒過多久，小浩聽到了爸爸回來的腳步聲。小浩的心一下子慌起來了，小浩知道，這下又完了。

果然，爸爸一進門就問小浩：「兒子，成績怎麼樣？」見小浩面無表情的樣子，爸爸已經知道考差了，臉色一下子陰沉起來。

小浩怯怯的遞過成績單。「怎麼？才考七十分？你不是一向都考九十多分的嗎？」爸爸的火氣一下子上來了。

媽媽也聽到了，趕緊從廚房出來，一看小浩的成績，媽媽也皺了皺眉頭，輕聲埋怨：「小浩，你也太讓我們失望了！」

小浩二話不說，跑進了自己的房間。他把自己反鎖在裡面，任憑爸爸媽媽在外面怎麼說，他也不想再聽了。

面對成績單上的差成績，有的父母揮舞棍棒或拳頭，有的則破口大罵，或者揉心頓足，傷感流淚，彷彿世界到了末日一般。

孩子考試考差是常有的事。當孩子考差時，其實他自己心裡也是不好受的，他往往會自我檢討自己的失誤，覺得不僅會受到老師的批評，而且會在同學面前丟臉。這時候的孩子，很希望爸爸媽媽能聽聽他的委屈、煩惱。如果爸爸媽媽一點也不理解他，只會訓斥他，動不動就打罵他，孩子就會失去對學習的信心，久而久之就會越來越不喜歡學習。更有甚者，孩子為了避免父母的打罵，只好以謊言來應付父母，不是說沒有考試就是說考卷孩沒有發。這種不誠實的行為直接導致孩子不良品質的形成。而且，由於孩子害怕謊言被識破會招來更嚴厲的懲罰，於是整天提心吊膽，精神高度緊張，嚴重影響了孩子的身心健康，甚至無心於課業學習。

學習是一種複雜的腦力勞動，要求具有一定的感覺、知覺、記憶、想像和思維等各方面的綜合能力。但有的孩子由於智力發育較慢或其他方面的原因，在接受、理解和消化知識上存在一定的困難，因而在學習上感到吃力，為此而影響成績。對這類孩子，父母千萬不可嫌棄，要在熱情關心的基礎上引導孩子懂得「勤能補拙」的道理，並注意發現和鼓勵其微小的進步，使孩子逐步樹立起學習的自信心。同時，父母還應在發展孩子思維能力上多下工夫，逐步開發孩子的智力。

學習還是一種艱苦的勞動，需要有正確的學習動機和頑強的學習毅力。但由於孩子年紀小，不懂事，有的學習動力不足，對學習缺乏正確的態度，遇到一點困難就打退堂鼓，甚至厭惡學習。對這類孩子，父母應加強孩子學習目的的教育和學習毅力的培養。此外，還可從培養孩子的學習興趣入手，使他們逐步熱愛學習，不斷提高學業成績。

實際上，一些孩子學業成績差，往往是因為沒有掌握正確的學習方法或沒有形成良好的學習習慣。如有的孩子不知道怎樣聽課、做筆記，怎樣看書、寫作業，怎樣爭取老師和同學的幫助；有的孩子上課不用心聽講，下課又不及時複習、鞏固和消化當天所學的知識，這些都必然影響學業成績。對這類孩子父母應配合學校老師，重視在「學習法」上對孩子進行指導，引導孩子掌握適應自己特點的學習方法，並且培養孩子建立良好的學習習慣。孩子一旦掌握了正確的學習方法，又有良好的學習習慣，其學業成績自然會「扶搖直上」。

有一次，著名作家、評論家、家庭教育專家蘇杭的女兒考試成績不太理想，她悶悶不樂，覺得自己的未來似乎前途未卜。這時，作為家庭教育家的蘇杭女士卻對女兒說：

「女兒，將來你當了博士後是我的女兒，你掃馬路也是我的女兒。到時候，就讓你爸爸用三輪車拉上我，把做好的熱菜熱飯送給你。只要人品好，掃馬路也能掃出一個光明的世界。」

聽了母親的話，女兒的臉上放出了光彩。女兒不但走出了情緒的低谷，學業成績慢慢提高了，而且在面對其他困難時，女兒也總能夠樂觀、勇敢的去對待，堅持不斷努力。

由此可見，在孩子考試考差了時，父母正確的做法是理解孩子，進入孩子的內心世界，和孩子耐心的交談，讓孩子感到父母對他的理解和支持，然後再尋求解決的辦法。例如：當父母發現孩子考完試悶悶不樂時，可以對孩子說：「考壞了心裡很難過是不是？怕同學笑話、怕媽媽罵你是不是？」這時候，孩子肯定會向父母說明考差的原因，以及自己心裡的感受。父母就可以及時引導孩子勇敢面對挫折，孩子也會從失敗的痛苦中解脫出來，重新振作精神，鼓舞鬥志，努力學習。可見，理解是愛的語言，父母的理解會溫暖孩子受挫的心，他會從中汲取力量，樹立信心，更加努力的學習來回報父母。

當孩子考試考差時，父母要幫助孩子分析考差的原因，然後，分析錯誤，改正缺點，爭取下次考得更好。

孩子考差的原因大致有以下幾種：

粗心大意；身體不舒服；複習不完整；聽課不仔細；考試緊張；考試時間不夠；學習方法不好；某類題目不熟悉等。

不管什麼原因，當孩子考差時，父母應以樂觀的情緒感染孩子：「一次考差沒什麼大不了的，讓我們一起來分析原因，爭取下次考好不就行了？」

然後，針對孩子考差的原因，父母應該幫助孩子克服這些缺點和錯誤。例如：複習不完整的，提醒孩子平時就應該認真複習，而不要等到考前「臨時抱佛腳」；粗心大意的，教育孩子平時就要做到認真學習，仔細做題，養成良好的習慣；聽課不認真的，要讓孩子在聽講的時候寫筆記，也可以向該科目成績較好的同學借筆記來核對，爭取及時消化老師上課所講的內容；考試緊張的，父母不要給孩子增加壓力，而是應該對孩子說：「考試的時候難免會緊張，但不用太緊張，只要盡自己的努力考試，考多少分，爸爸媽媽都不會怪你的。」這樣，孩子才會放鬆心情參加考試。

鼓勵生性懦弱的孩子

如果孩子生性比較懦弱，父母要告訴孩子，每個人都可能會考差，只有不斷分析錯誤，改正錯誤，才能不斷前進。父母也可以利用自己或孩子身邊人的事例來鼓勵孩子。同時，父母應該教給孩子一些自我鼓勵的方法，如：「雖然這次考試沒考好，但是讓我發現了自己的弱點，我只要克服自己的弱點，就一定能取得更好的成績。」「雖然我國語考差了，但是我數學進步了。」這樣，孩子在不斷的自我鼓勵中，就會更加努力去學習。

適當冷落愛逞強、愛面子的孩子

如果孩子比較嬌生慣養，愛逞強，父母不妨讓他受點兒冷落。多讚揚孩子周圍的人，激發孩子的好勝心，讓孩子覺得自己應該不斷努力超過他人，如：「隔壁的小斌學習就是刻苦，他要是一次考試比別人差，他就下定決心要趕上別人。」「你們的班長學習很好是嗎？你要是能學到他的優點，在學習上超過他就算你厲害。」這樣孩子就會在心裡樹立一個「假想敵人」，不斷與他競爭，從而提高學業成績。

不要打擊孩子的自信心

千萬不可放大孩子的缺點，忽略孩子的進步，這樣會導致孩子今後考試怯場。孩子是父母骨肉，不論考成什麼樣，都絕不能放棄他們，決不能在孩子面前表現出失望、痛心的情緒，更不能諷刺挖苦說些打擊他們自信心的話。考差了他們自己也很難過，加上個別老師的冷眼和挖苦、同學的嘲笑，父母們就別再雪上加霜了。

要知道，一旦孩子的自信心沒了，問題的性質就變了，從學習問題變成了心理問題，這比考差了更嚴重，那時我們父母們就後悔莫及了。事實上，對每位考差的孩子來說，在學習上都會有進步的地方，父母們要利用這些「進步」表揚孩子，真誠的幫助他們樹立自信。讓孩子感到：就是天塌了，父母也會和孩子一起扛，沒有過不去的坎。

只做模擬題：一切為了考試

模擬現場

上國三的小雲學習很用功，可是成績就是提升不上去。原來，每次考試前，他都不是把心思放在複習功課、打基礎上，而是大量的去做模擬考試題，在他看來，模擬題和真正的考試題目是一樣的，模擬題做好了，考試就能考出好成績。結果往往吃力不討好，成績總是差強人意。期中考在即，父母很為小雲擔心，小雲自己也不知道該怎麼辦。

模擬試題同真正的考試試題只是一種形式上的相似而已，模擬可以幫助掌握知識，卻無法代替真實情景的重要位置。要想真正掌握知識，真正的提升考試成績，還是需要在平時進行紮實的基本功的訓練。

成語「邯鄲學步」出自《莊子．秋水》，它講述了這麼一個故事：燕國壽陵的一個少年慕名來趙國都城學習邯鄲人民優美的走路姿勢。結果不僅沒學會邯鄲人的不法，反而忘記了以前的走法，只好爬回了壽陵。此成語比喻生搬硬套，一味機械模仿，不僅學無成就，而且失去固有的技能。

孩子做模擬題正應和了這個成語所講的道理。一些孩子只做模擬題，而不願掌握紮實的基礎知識，是因為看到別的同學這樣做。其實，他們只看到了這些同學的一部分學習方法，而沒有真正懂得這一部分同學是怎樣學習基礎知識的。如果只做模擬題，而不穩固的掌握基礎知識，那就像邯鄲學步一樣，一定吃力不討好。

用故事來引導孩子

比如上文中提到的邯鄲學步，讓孩子明白，要想提高自己的成學習績，只有靠踏踏實實的學習基礎知識，做模擬題有必要，但千萬不能過於依靠模擬題。

此外，在生活中，父母要以身作則抵制抄襲和虛假，讓孩子知道抄襲和虛假的東西永遠不可依靠。

幫助孩子弄清楚模擬題從何而來

讓孩子明白那些莫名其妙拼湊的模擬題是從何種管道進入市場的，向他們講明白這種題的不可靠來源，他們就會明白自己所依靠的法寶原來是這樣的不堪一擊。

告訴孩子模擬試題存在一定虛假性

父母應該告訴孩子，模擬試題只是一種猜測情景下的出題方式，所以試題也是一種「假」題。如果想考好，萬變不離其宗，就是學好基礎知識，基礎紮實了，就可以對各種題目應付自如了。

猜題：猜對了，成績就高了

模擬現場

猜題說穿了，就是想投機取巧矇混過關。考大學命題要展現公平性和公正性，也就是說，一份考大學試題的頒布，不知有多少專家，透過多少論證。作文題目設計哪裡會沒有防止猜題方面的考慮？所以，要完全猜到，想蒙混過關，幾乎是不可能的，最多就是給你沾點邊而已。

對於孩子來說，猜題有兩方面的危害：一是極易導致複習重點偏移，複習片面。尤其這幾年年，很多都開始自主命題，就更難掌握出題可能。二是現在猜題風險性較大。因為你不知道要考什麼，單憑主觀判斷如果精心複習的「考題」最後沒有考，而考的沒有複習到，最後反而得不償失。

教育孩子學會從另一種的角度思考問題

比如面對南轅北轍的故事，可以說故事主人公捨近求遠，是一種愚蠢的行為。

也可以說故事中蘊涵著一定的科學道理，在遙遠的幾千年前，古人就發現了地球是圓的這個現象。這些都是孩子思想中的火花，應該好好鼓勵，將其引向真正的學習之中，而不是僅僅為考試而學習。

不要在考試時對孩子施加壓力

在考試前，孩子已經是很緊張了，父母如果再施加壓力，孩子會覺得考試失敗的話，父母就會失望，也就會漸漸對考試失去信心。在這種心理下，孩子會採取賭博的態度應對考試，猜題的現象就會隨之出現。

正確的指導孩子寫作文

猜題現象大多出現在作文的寫作中，教師怕教作文，學生厭倦作文。原因就是大搞「應試」作文，大量猜題，機械教授方法，人為拔高要求，扼殺了大多數學生固有的一點興趣，致使學生不願作文，畏懼作文。

父母應該根據孩子的實際情況，指導他們學習寫作，寫出真情實感，讓寫作文成為一種樂趣。

適當的為難孩子

父母可以故意讓孩子猜題，然後考考他，看看到底是不是能猜中。讓他自己對這種不確定性，有一個清楚的認識。

電子書購買

國家圖書館出版品預行編目資料

成績的背後，是孩子的求救：分數低就是沒讀書、愛蹺課就是壞學生、壓力大就是抗壓性低……你的偏見正在毀了他！/ 孫桂菲，趙建，鄒舟主編. -- 第一版. -- 臺北市：崧燁文化事業有限公司, 2022.03

面；　公分

POD 版

ISBN 978-626-332-050-5(平裝)

1.CST: 親職教育 2.CST: 子女教育

528.2　　111000867

成績的背後，是孩子的求救：分數低就是沒讀書、愛蹺課就是壞學生、壓力大就是抗壓性低……你的偏見正在毀了他！

臉書

主　　編：孫桂菲，趙建，鄒舟

發 行 人：黃振庭

出 版 者：崧燁文化事業有限公司

發 行 者：崧燁文化事業有限公司

E-mail：sonbookservice@gmail.com

粉 絲 頁：https://www.facebook.com/sonbookss/

網　　址：https://sonbook.net/

地　　址：台北市中正區重慶南路一段六十一號八樓 815 室

Rm. 815, 8F., No.61, Sec. 1, Chongqing S. Rd., Zhongzheng Dist., Taipei City 100, Taiwan

電　　話：(02) 2370-3310　　**傳　　真**：(02) 2388-1990

印　　刷：京峯彩色印刷有限公司（京峰數位）

律師顧問：廣華律師事務所 張珮琦律師

定　　價：375 元

發行日期：2022 年 03 月第一版

◎本書以 POD 印製